MIT DEM JOB AUF REISEN GEHEN

GEHEN

Wie es gelingt, Reisen und Arbeiten zu
verbinden

Gabriela Saul (HRSG.)

VORWORT UND GESCHENK AN MEINE LESER

Schon oft wurde mir die Frage gestellt „ist reisen und online arbeiten auch etwas für mich?"

Diese Frage kannst natürlich nur du selbst beantworten. Aber mit Sicherheit kommst du in diesem Buch deiner Antwort ein großes Stück näher. Du wirst Ideen für das Online Arbeiten entdecken und dich anstecken lassen von meiner Erzählung und meinem persönlichen Weg. Du wirst erkennen, dass es auch für mich nicht leicht war und es keinen Schalter gibt, der dich in deine neue Welt beamt. Du erhältst jedoch in diesem Buch Anregungen, die dich zu deinem Ziel führen oder dir zumindest Lust machen sollen, dich auf den Weg dorthin zu begeben.

Das Buch liefert Tipps zum Reisen mit dem Wohnmobil und zum Online Arbeiten. Zusätzlich erhältst du eine Übersicht aller Hotspots für W-LAN und wunderschöne Tipps für Stellplätze in schönster Gegend, die garantiert nicht überlaufen sind. Dabei kann ich dir wahrscheinlich nicht all deine Fragen vollständig beantworten.

Aber ich gebe dir meine Erfahrungen weiter, die ich selbst gemacht habe. Wenn dich nur ein Teil davon motiviert, freue ich mich von Herzen für dich.

Wenn dieses Buch dir klar macht, dass du ganz andere Träume und Ziele hast, die du nun plötzlich klarer sehen kannst, ist das doch auch wunderbar! Lass dich einfach ein und entscheide am Ende für dich!

Ich kann dieses Buch Jedem empfehlen, der sich auf die Reise zu seinen eigenen Träumen und Wünschen machen möchte. Ich möchte natürlich auf der einen Seite Menschen ansprechen, die bis jetzt nur davon träumen, ortsunabhängig zu arbeiten. Genauso wie Menschen, die bereits den ersten Schritt gegangen sind. Meine Motivation, dieses Buch zu schreiben besteht in erster Linie darin, Mut zu machen.

Mut, Entscheidungen zu treffen.

Mut, Gefühle zu zulassen: Was wäre, wenn es doch wahr wird?

Mut, Gedanken auszusprechen.

Mut, Gefühle und Gedanken in die Tat umzusetzen.

Am Ende deines Lebens wirst du dem hinterher trauern, was du im Leben nicht gewagt hast. Daher motiviere ich dich, deine Träume zu realisieren, anstatt nach Gründen zu suchen, warum es nicht geht.

Natürlich möchte ich auch erzählen, wie es mir ergangen ist. Wieso ich diesen Weg gehe. Es ist die Geschichte meines persönlichen Weges. Wann ich die Richtung meines Lebens geändert habe und warum.

Für alles braucht es eine Motivation, einen Auslöser und den Mut, sich zu entscheiden.

Ein wichtiges Thema in diesem Buch ist das Thema Partnerschaft. Kannst du dir vorstellen, mit deinem Partner ortsunabhängig zu arbeiten? Habt ihr denselben Traum, ähnliche Visionen? Musst du dafür ein Nähe-Typ sein? Und was ist, wenn alle Pläne und Vorhaben scheitern?

Es ist MEIN Traumleben. Aber ich rede es nicht schön. Es gibt viel zu beachten, Anfängerfehler -die ab jetzt Anfängererfahrungen heissen- und auch Überlegungen, die evtl. gegen solch ein Leben sprechen. Du musst nicht alle Erfahrungen zwingend selbst machen. Ich sage nicht, dass dieses Leben für alle Menschen geeignet ist.

Du musst dafür brennen. Dein Herz muss dafür schlagen! Aber wenn es schlägt, dann darfst du es auf jeden Fall versuchen. Dann musst du es auf jeden Fall versuchen!

Neben allen TOPs und FLOPs gibt es noch etwas, das du in diesem Buch auf jeden Fall findest: eine hoffentlich anständige Portion Humor!

Denn Lachen ist meiner Meinung nach die schönste Art, Falten zu erzeugen!

Als Geschenk für meine Leser verweise ich auf die Zusammenfassung, in der ich alle Empfehlungen, Tipps und Hinweise nochmals auflistе und mit den entsprechenden Links versehe, damit diese leicht auffindbar sind. Diese Zusammenfassung findet ihr auf meiner Webseite unter https://paartherapie-saul.de/allgemein/bonus-aus-meinem-buch/

Als Extra-Bonus gibt es 20 % auf das Erstgespräch eines Entscheidungs-/Paarcoachings/Online-Kurses, das bzw. den ihr über meine Webseite bucht mit dem Kennwort "Veränderung".

On the TOP: Paella – Rezept à la Gabriela

Da wir jetzt bereits drei Mal in Spanien überwintert haben und unsere Vorstellung von DER BESTEN UND GENIALSTEN PAELLA ganz klar für uns kulinarisch deklariert haben, gibt es -ebenfalls in der Zusammenfassung- auch noch unser privates Rezept, das wir in dieser Reichhaltigkeit in keinem spanischen Lokal finden konnten - lo siento españa.

INHALTSVERZEICHNIS

WIE KANN ES AUCH DIR GELINGEN, REISEN UND ONLINE ARBEITEN ZU VERBINDEN

Glaubst du, reisen und arbeiten ist ein Widerspruch?

Wenn ihr zurzeit nur davon träumt, ortsunabhängig zu arbeiten und euer Leben zu verändern, dann seid ihr wahrscheinlich im Geiste umgeben von vielen Argumenten und Glaubenssätzen, die euch daran hindern, eure Gedanken in die Tat umzusetzen. Egal, was ihr verändern wollt, ob ihr euren Job von Offline auf Online umstellen wollt, ob ihr euren Fokus mehr auf das Leben als auf den Job legen wollt, ob ihr gerne ortsunabhängig arbeiten wollt. Egal, worum es bei dir geht. Du kannst deine Träume und deine Wünsche nach einem sinnvolleren, zufriedeneren, leichteren, selbstbestimmteren Leben zwar fühlen. Aber umsetzen? Davon bist du zurzeit vielleicht noch 3 – 300 Schritte entfernt. Genau das kann sich jederzeit ändern! Mit diesem Buch wirst du mit Sicherheit einige Schritte weiter gehen können. Es soll dir Unterstützung, Hilfe und Motivation sein. Wenn du es wirklich willst.

Denkst du auch manchmal, dass die Verbindung „Urlaub und Arbeit" zwar schön wäre, ABER sind in deinem Kopf Glaubenssätze, die sich in etwa so anhören: Mit meinem Beruf kann ich nicht online gehen

- Ich könnte ortsunabhängig nie genug Geld verdienen, um mich und meine Familie zu finanzieren
- Selbständigkeit ist unsicher, ich weiß nie, wieviel Aufträge ich bekomme
- Ich weiß sowieso nicht, womit ich Geld verdienen könnte
- Ich bin gefangen in meinem Leben, ich schaffe es nicht, auszusteigen
- Ich kann schlecht an meinen Vorhaben dranbleiben, ich springe hin und her
- Ich kann keine Entscheidungen treffen, ich weiß nicht, was ich WIRKLICH will
- Ich weiß nicht, wo genau ich hin will in meinem Leben

Erkennst du deine Gedanken? Ertappst du dich, wie du dir genau mit diesen Glaubenssätzen deine eigenen Steine in den Weg legst? Wie kannst du behaupten, dass du ortsunabhängig nicht genug Geld verdienst, wenn du es noch nie ausprobiert hast. Du befindest dich in einem Phantasie-Gedanken-Hamsterrad, aus dem du aussteigen kannst. Jederzeit!

Vielleicht hast du auch deine eigene Vorstellung, was Mann oder Frau im Leben erreichen sollte: einen vernünftigen Schulabschluss, eine Vorzeige-Karriere, ein Auto, eine (eigene) Wohnung ... bestimmt fallen dir noch viele andere Dinge ein, von denen du glaubst, dass das Leben im allgemeinen und dein Leben im Besonderen genau so funktioniert. Weil du es so oft gehört hast in deinem Umfeld. Weil deine Eltern und Großeltern es genau so erlebt und gelebt haben und vielleicht auch der Rest deiner Familie.

Welche Bedeutung hat das Thema Geld in deiner Familie? Kennst du Sätze wie „Geld stinkt" oder „Geld muss man sich hart erarbeiten" oder „über Geld spricht man nicht"? Oder würdest du sagen, dass Geld dein bester Freund ist und dass Geld Energie ist, die dir ein Leben ermöglicht, wie du es dir wünschst?

Vielleicht hast du auch die Vorstellung, dass Arbeit nun mal zum Leben dazu gehört, um zu überleben. Dass Arbeit eine Pflicht ist. Dass sie manchmal schwer fällt, das gehört dazu. Dass du viel leisten musst für dein Geld, manchmal sogar leiden. Dass Arbeit in den seltensten Fällen Spaß bringt. Arbeit ist eben ein Muss. Das ist eben so, oder?

Kennst du all die vielen (Motivations!)sprüche, die dich ermuntern sollen, den Montag toll zu finden, weil dieser Tag anscheinend besonders schwer ist nach einem glücklichen, entspannten, tollen Wochenende?! Dann höre ich die Verfechter der Work-Life-Balance die sagen, wie es „richtig" ist. Wie man mehr Life in den Alltag bringt und weniger Work? Mittlerweile finde ich diese Ratschläge und Motivationssätze merkwürdig, wie aus einer anderen Welt. Aber natürlich kenne ich diese Art Zerrissenheit, des Schönredens von früher!

Wenn ich selbst unzufrieden mit meiner beruflichen Situation war, habe ich mir früher auch gerne eingeredet, dass es Anderen ja noch schlechter geht. Dass diese noch weniger Urlaub haben als ich und noch weniger Geld. Im Übrigen bin ich in der Generation der Kriegsenkel aufgewachsen. Der Einfluss meiner Eltern und Großeltern ist natürlich in meinem Leben präsent. Ich hatte subjektiv immer das Gefühl, dass ich doch froh sein konnte mit meinem Leben, weil die Generationen vor mir viel mehr zu kämpfen hatten. Und das im wahrsten Sinne.

Na klar, du darfst all das denken und glauben. Du darfst die Eigentumswohnung oder dein Haus anstreben, das tolle Auto der ganz besonderen Markte. 5-6 Wochen Urlaub im Jahr, dann aber durchgeplant und hoffentlich so viel Erholung rausholen, wie du kannst.

All die Vorstellungen von Sicherheit, Lebensqualität, Karriere, Besitz darfst du haben, wenn du damit glücklich bist. Aber da du dir dieses Buch gekauft hast und es auch liest, gehe ich mal davon aus, dass du dir auch noch andere Lebensziele zumindest vorstellen kannst. Selbst wenn du noch nicht so ganz daran glaubst, dass es auch für dich wahr werden kann. Wenn du es willst.

Feel free! Was wäre, wenn es auch für dich möglich ist!?

Du kannst JETZT etwas tun: nimm dir einen Zettel und schreibe darauf, was du WIRKLICH willst. Wovon du träumst, wovon du dir ein glücklicheres Leben erhoffst. Du kannst immer und zu jeder Zeit deine Einstellung frei wählen. Nur du kannst diese beeinflussen. Glaube an dich!

Also schreib es auf. Es ist ja nur ein Zettel. Es kann dir nichts passieren. Aber nimm dich selbst ernst. Vielleicht zum ersten Mal. Hole dir JETZT einen Zettel und schreibe auf, wovon du träumst, was du dir wünschst und wo du in einem Jahr sein willst und schreibe darunter, welchen ersten kleinen Schritt du noch heute dafür gehen wirst. Committe dich! JETZT!

Hast du dir dein Ziel aufgeschrieben? Hast du dich committet? Dann stelle dich jetzt vor einen Spiegel, schau dir selbst in die Augen. Atme tief durch die Nase ein und durch den Mund wieder aus. Stelle sicher, dass deine Füße fest auf dem Boden stehen. Spüre sie. Vielleicht noch etwas mehr in einen Stand, in dem du mehr Halt fühlst? Probiere es aus. Wenn du drei Mal tief ein- und ausgeatmet hast, dann sage dein Ziel laut und deutlich. Sage es DIR laut und deutlich. Schaue dir dabei in die Augen. Halte deinem eigenen Blick stand und fühle hin, was sich bei dir tut. Was fühlst du? Ist dies wirklich dein Ziel? Bist du motiviert und bereit, Zeit und Mühe zu investieren? Ist dies wirklich das, was du in deinem Leben erreichen willst? Bist du ganz bei dir und deinen Gefühlen? Lass dich von deinen eigenen Worten und deinem eigenen Blick berühren. Genieße es und nimm dich ernst. Du schaffst es! Sei stolz auf dich, wenn du diese kleine Übung wirklich umgesetzt hast. Feiere dich dafür. Du bist deinen ersten kleinen Schritt in die Veränderung oder auf den Weg deiner Entscheidung gegangen.

Den Zettel mit deinem Ziel und deinem ersten Schritt hängst du dir an eine Stelle in deiner Wohnung oder deinem Haus oder in dein Wohnmobil, von wo du ihn sehr oft sehen kannst. Sobald du einen kleinen Schritt gegangen bist, streiche diesen von deinem Zettel und füge immer wieder neue Ideen für neue Schritte auf deinen Zettel hinzu. Folge deinen Impulsen! Willst du eine bestimmte Summe ansparen? Willst du dafür auf etwas verzichten? Willst du dich beruflich umorientieren? Willst du jemanden um Rat fragen, der schon dort ist, wo du hin willst? Willst du dich informieren, welche Möglichkeiten des Online Arbeitens es gibt? Willst du etwas davon nebenberuflich ausprobieren? Was auch immer es ist. Wichtig ist, dass du in die Umsetzung kommst!

Besitzt du bereits ein Wohnmobil und nutzt du es bis jetzt nur, um damit in Urlaub zu fahren? Dann hast du immerhin schon eine gute Voraussetzung. Du bist mobil. Aber vielleicht nicht selbständig.

Als kleine Motivationshilfe kann es dir vielleicht helfen zu überlegen, wie dein idealer Tag aussieht. Möchtest du auch in Zukunft von einem Arbeitgeber abhängig sein? Willst du Teil seines Systems sein? Bist du weiterhin bereit, dich diesem System anzupassen?

Ich konnte dies z.B. immer nur für kurze Zeit und musste mich dann wieder befreien. Aus engen Systemen, aus beruflichen Korsetten, aus Vorgaben und Aufgaben, die nicht MEINE waren. Lange dachte ich, dass etwas mit mir nicht stimmte, weil ich wenig in der Lage war, mich anzupassen. Ich war einfach nicht dazu geboren, in einer Hierarchie an einer vorgegebenen Stelle zu stehen. Heute weiß ich, dass es gut war, auf mein Gefühl zu hören und mich immer wieder zu befreien. Damals dachte ich noch, bei einem anderen Arbeitgeber mit anderen Aufgaben wird es bestimmt besser, irgendwann würde ich „ankommen" und mich wohl fühlen. Aber ehrlich gesagt, gab es keine berufliche Zusammenarbeit, in der ich mich zu 100 %

wertgeschätzt gefühlt habe. In der ich meine eigenen Ideen umsetzen konnte. Immer hatte ich das Gefühl, dem Leitbild eines Arbeitgebers folgen zu müssen. Und das wird in der Regel in der Realität ja auch tatsächlich erwartet.

Erst in meiner Selbständigkeit fühlte ich mich freier. Aber davon später mehr ...

Nun zurück zu DEINEN Träumen.

Wenn du raus willst aus deinem Leben, in dem du dich abhängig von Aufträgen und Vorgaben eines Arbeitgebers fühlst, dann gefällt dir bestimmt die Vorstellung, dein Leben selbstbestimmt zu führen.

Frage dich einfach: Wie hätte ich es gerne, z.B.

wann würdest du morgens oder mittags oder abends anfangen zu arbeiten?

Wo willst du arbeiten?

Wie lange willst du arbeiten?

Wieviel Geld willst du verdienen?

Mit wem willst du arbeiten?

Was willst du in der Zeit tun, wenn du nicht arbeitest? Und wo willst du diese Zeit verbringen? Und mit wem?

Was möchtest du hören, sehen, schmecken, fühlen, wenn du wach wirst (wenn es nicht dein Wecker ist?)

Wie fühlt es sich an, wenn du dies selbst bestimmen könntest?

Nimm genau diese Motivation, dieses Gefühl mit auf deinen Entscheidungs- und Umsetzungsweg. Zu wissen, wo du hin willst, was du brauchst, um deine Lebens- und Arbeitszeit sinnvoll zu leben, ist ein wichtiger Antriebsmotor.

Aber vielleicht hast du ja auch bereits ein Wohnmobil und bist selbständig. Traust dich aber noch nicht, beides wirklich zu verbinden und online zu arbeiten.

Ich kann dich so gut verstehen. Das ging mir nämlich früher ganz genau so!

WIE BEI MIR ALLES ANFING

Ich erzähle dir nicht, dass es bei mir ganz leicht war und ganz schnell ging.

Ich persönlich brauchte sehr lange, um an meiner damaligen beruflichen (und privaten) Situation etwas zu verändern. Wahrscheinlich viel länger als du brauchen wirst. Sehr lange war ich in einem Hamsterrad, habe versucht, es den Anderen recht zu machen. Habe mich angepasst, wollte dazu gehören, so sein wie es von mir erwartet wurde. Oder zumindest wie ich dachte, dass es von mir erwartet wurde. So wie ich es von Kindesbeinen an gelernt hatte.

Ich habe verschiedene Berufe gelernt, habe viele Aus- und Weiterbildungen gemacht, immer auf der Suche nach der Erfüllung. Zumindest war ich auf einem Weg. Heute weiß ich, dass es gut war. Heute schaue ich zurück und denke: Ja, mein Weg war lang und ich habe unsagbar viele Umwege gemacht. Vielleicht hätte ich viel früher eine Abzweigung nehmen können. Hätte, könnte, sollte.

Heute sage ich: ES IST und ICH BIN.

Dies war ein Entwicklungsweg. Mein ganz persönlicher. Ihr dürft ihn euch anschauen, aber gehen müsst ihr euren Weg. Viele Entscheidungen waren nötig. Und ich habe sie getroffen. Alles zu seiner Zeit.

Heute arbeite ich orts- und zeitunabhängig. Ich bin mit meinem Lebensgefährten und unseren beiden Hunden Paula und Lotta mit dem Wohnmobil unterwegs. Immer? Nein, zurzeit entscheiden wir jeden Tag aufs Neue, wo wir sein wollen. Manchmal stehen wir 1-2 Wochen an einem Platz, dann fahren wir wieder weiter. Während Corona sind wir ausschließlich innerhalb Deutschlands unterwegs, die Jahre davor waren wir überwiegend in Südspanien zum Überwintern, in Portugal, in Frankreich, oder in Italien. Viele Länder stehen noch auf unserer Wunschliste! Skandinavien gaaanz oben!

Aber zuerst nochmal einen Schritt zurück:

Ich bin in einer Handwerker-Familie der Mittelschicht aufgewachsen. Arbeit mit den Händen und Arbeit an sich hatten einen hohen Stellenwert. Meine Eltern hatten immer einen Job. Sie erlaubten sich sehr selten, krank zu sein. Arbeit war Pflicht und Lebensinhalt. Schon früh bekam ich ein Gefühl davon, was meine Mutter von mir erwartete. Sie erzählte von meinen beruflichen Möglichkeiten, als würde sie sich selbst einen Traum erfüllen: von anderen Ländern, andere Kulturen kennenlernen, andere Sprachen sprechen, viel unterwegs sein. Insgeheim war es wohl ihr Traum. Ich selbst war harmoniebedürftig, obwohl eine kleine Rebellin in mir wohnte. Ich hatte auch einen Traum, ich wollte Kindergärtnerin werden, wie es damals noch hieß. Aber ich entschied mich kurzfristig noch um, ging auf eine Sprachenschule und machte eine Ausbildung zur Fremdsprachenkorrespondentin. Ich hatte die Sehnsucht, dass meine Eltern stolz auf mich sind. So weit so gut. Nun hatte ich die Ausbildung, aber sah ich jetzt die Welt? Nein, ich blieb genau in der Stadt, in der auch meine Eltern arbeiteten, blieb im gleichen System und empfand Arbeit als Pflicht.

Ich wollte ja dazu gehören. Das hängt natürlich auch mit meinem Elternhaus zusammen. Meiner Mutter fühlte ich mich immer verpflichtet. Habe Verantwortung übernommen, wo sie es scheinbar nicht konnte. Kinder sind ja oft unbewusst bereit, Verantwortung zu übernehmen, wenn Eltern dies -aus welchen Gründen auch immer- nicht können. So war es wohl auch bei mir. Und dieses Gefühl hat mich gebunden. Lange, bis ins Erwachsenenalter. Ich hatte subjektiv das Gefühl, nicht genug zu geben, es nicht richtig genug zu machen, wollte noch mehr geben, damit meine Mutter glücklich und zufrieden ist. Aber sie wurde nicht glücklich und zufrieden. Bis zu ihrem letzten Tag nicht. Das ist traurig. Und ich habe mich verantwortlich gefühlt. Ich wusste als Kind und Jugendliche oft nicht, wie der Tag verläuft, ob meine Mutter gut oder schlecht gelaunt war. Ob die Spannungen zwischen meinen Eltern eskalierten oder nicht. Ob meine Mutter mich wahrnahm oder nicht. Ob sie mit mir sprach oder mich ignorierte. Ob die Atmosphäre erträglich war. Oder so dicke Luft, dass kaum Raum zum Atmen war. Liebesentzug und Sprachlosigkeit. Oft blieb ich im Unklaren, hatte keinen Einfluss auf das, was kommt. Ich bekomme heute noch

Gänsehaut, wenn ich daran denke, wie hilflos ich mich damals fühlte. Ich hatte in dieser emotionalen Abhängigkeit keine Kontrolle darüber, wie der Tag läuft. Dieses Gefühl hat sich lange durch mein Leben gezogen. Auch in meiner Partnerschaft, aus der ich mich viele Jahre nicht lösen konnte.

Vielleicht bekommt ihr jetzt eine kleine Ahnung davon, warum ich heute Paartherapeutin bin und als Entscheidungs-Coach für Klarheit bei meinen Coachees sorge!

Ist es leicht, aus solch einem System auszusteigen? Etwas zu verändern, anders zu sein? Für mich war es fast drei Jahrzehnte unmöglich. Ich blieb angepasst, ließ mich in ein Korsett zwängen, erfüllte meine „Pflicht".

Aber zurück zu den 80ern: Niemand in meinem Umfeld stieg aus. Ich hatte kein Vorbild, dem ich folgen konnte. OK, ihr merkt, es gab eine Zeit ohne Internet, Facebook und Instagram. Ich lebte in meiner eigenen kleinen Welt auf dem Dorf bzw. der Kleinstadt, in der die Montage ganz besonders schwer waren.

Ich brauchte 5 Jahrzehnte meines Lebens, bis ich mich endgültig auf den Weg der Freiheit machte. Bis ich wirklich bereit war für Veränderung. Privat und beruflich.

Ausstieg. Trennung. Neuanfang.

Plötzlich wurde es leicht. Ich wusste plötzlich, was ich alles NICHT mehr wollte:

Keine Abhängigkeit mehr – von nichts und Niemandem

Kein System, in das ich nicht reinpasse oder das nicht zu mir passt.

Kein Anpassen mehr, um es Anderen recht zu machen.

Keine Arbeit, bei der ich mich nicht frei fühle.

Kein Partner, der mich nicht frei sein lässt.

Ihr merkt schon, der Ruf nach Freiheit wurde immer lauter. Aber ganz ehrlich, was ist denn Freiheit? Das ist mit Sicherheit für jeden von uns etwas anderes. Das muss auch Jeder für sich selbst entscheiden. Du musst es fühlen. Du musst es schmecken. Es muss zu dir passen. Meine Freiheit heißt, frei zu entscheiden, wo, wann und mit wem ich arbeiten möchte. Ich lebe diese

Freiheit nach Außen, indem ich reise und online arbeite. Das fast Wichtigere für mich ist jedoch die innere Freiheit. Das Gefühl der völligen Entscheidungsfreiheit. Das habe ich mir *hart erarbeitet.* OK, dieser Widerspruch musste jetzt als krönender Abschluss noch mal sein!

Davor lagen zum Glück schon viele Jahre der Therapie, des Berufswechsels, der kleinen Veränderungen. Den Beruf der Therapeutin habe ich im zweiten Anlauf natürlich nicht ohne Grund gewählt, wenn auch unbewusst. Es war mein Weg in die Freiheit. Aber davon ahnte ich erstmal noch nichts. Die Sehnsucht nach Freiheit und Selbstbestimmung war natürlich immer da.

Selbständigkeit auf beruflicher Basis habe ich mir Schritt für Schritt erlaubt. Zunächst noch mit einer Festanstellung von 30 Wochenstunden, dann habe ich nach und nach reduziert. Bis ich gesprungen bin. In meine eigene kleine Praxis. Welch ein Schritt. War ich frei? Nein. Denn ich war wieder oder immer noch verstrickt in Systeme, die mich subjektiv binden und die starr waren. Staatliche Auftraggeber, die mich für Coachings buchten, waren Systeme, die zwar Geld brachten, mich aber wieder in ein Korsett zwangen. Auch hier war also noch Veränderung nötig.

Selbständigkeit bedeutet für mich, dass ich die Wahl habe, wann, wieviel und wo ich arbeite.

Das wunderbarste Geschenk, das mir das Leben jetzt macht ist jedoch, die Freiheit zu haben, mit wem ich arbeite und diese Freiheit an meine Coachees weiterzugeben.

Online-Kurse geben meinen Coachees nicht nur einen Mehrwert, sondern die Freiheit, selbstbestimmt zu entscheiden, wann sie das nächste Video anschauen oder das nächste Kapitel durcharbeiten und wann sie den nächsten Live-Termin mit mir vereinbaren. Das lieben auch meine Kunden! Online-Coachings haben für meine Teilnehmer viele Vorteile: sie müssen nicht in meine Stadt kommen, sie haben keine Anfahrtswege und verbringen keine Zeit im Zug oder im Auto. Sie müssen sich nicht um eine Betreuungsmöglichkeit für ihre Kinder kümmern. Sie können Termine am Abend oder auch am Wochenende buchen, wenn konventionelle Praxen in der Regel geschlossen sind. Und last but noch least: ich lebe meinen Teilnehmern eine Form der Freiheit vor, die sie manchmal auch selbst suchen. Eine innere oder eine äußere Freiheit. Die Freiheit, Entscheidungen zu treffen, egal, in welchen Zusammenhängen. Privat oder beruflich. Veränderungen sind immer abhängig von den Entscheidungen! Dazu braucht es manchmal einen Menschen außerhalb des eigenen Umfeldes und des eigenen Systems. Der die Welt ein bisschen anders anschaut. Nicht besser oder schlechter. Eben anders mit neuen Perspektiven und damit neuen Möglichkeiten.

Das ist eine Win:Win-Situation für alle Beteiligten!

Ich persönlich profitiere sehr davon, dass ich die digitalen Medien für den Aufbau eines Netzwerkes nutzen kann. Hier meine ich nicht die Kundengewinnung, sondern jetzt nutze ich das, was ich in der Internetfreien Welt natürlich nicht hatte. Auch weil ich nicht in einem entsprechenden System aufgewachsen bin, wo miteinander reden, sich gegenseitig austauschen und unterstützen hilfreich gewesen wäre. Ich bin als Einzelkämpferin aufgewachsen. Schon früh hatte ich sogar das Gefühl, fremd in der eigenen Familie zu sein.

Jetzt ist es mein Alltag, mich mit wunderbaren Menschen zu vernetzen, die so wie ich beratend tätig sind, die sich vernetzen, die sich weiterentwickeln, die gerade ein Buch schreiben, gerade einen Online-Kurs planen, die die Corona-Krise als Chance sehen und sich professionell und wertschätzend gegenseitig unterstützen. Ich kann mich jederzeit mit Gleichgesinnten treffen. Ist das ein Gewinn? Ja, das ist mein zusätzlicher Gewinn in der Freiheit!

DIE NEUEN CHANCEN DER ONLINE-ARBEIT

Wenn du dich immer noch fragst, ob die ortsunabhängige Arbeit auch etwas für dich ist, dann kommt jetzt dein Kapitel!

Was genau kannst du tun, um dich frei zu fühlen? Um vielleicht zu reisen und trotzdem online Geld zu verdienen, wenn das auch genau deine Vorstellung von Freiheit ist.

Wenn du glaubst, dass die einen Vorteil haben, die schon jetzt überwiegend am PC arbeiten, dann ist es nicht unbedingt ein Glaubenssatz. Aber musst du Programmierer sein? Nö!

Du kannst ja z.B. alle Jobs machen, bei denen du telefonierst, z.B. in der Kundenakquise. Du kannst schreiben, z.B. als Autorin deiner eigenen Bücher oder als Texterin. Es gibt jedoch auch geniale Angebote, bei denen du als Mitautorin einzelne Kapitel schreibst und diese verkaufst bzw. Werbung für dein eigenes Angebot machen darfst. Schreibe Fachartikel, werde Ghostwriter oder schreibe akademische

Auftragsarbeiten, es gibt so viele Möglichkeiten, wenn du gut und gerne schreibst.

Online-Shops sind weitere Schätze der Online-Arbeit – du kannst deine eigenen Produkte verkaufen! Online-Shops sind im Idealfall automatisiert, du musst dich um nichts kümmern. Du konzentrierst dich auf das, was du verkaufen willst: Handmade geht doch immer! Kunsthandwerk, spezialisierte Werkzeuge, Zubehör Wohnmobile, Handarbeit, besondere Marmeladen, individuelle Hundeleinen oder Halsbänder mit Namen…. habt ihr auch schon mal nach etwas gesucht und nicht das Passende gefunden? Obwohl es doch eigentlich alles zu kaufen gibt? Geschenke für Hunde, Kinder und Hobbies sind super beliebt und gefragt. Sind diese dazu noch personalisiert oder bietest du besondere Farben an … perfekt. Gerade habe ich mir einen Schlüsselanhänger gekauft, auf dem der Name meines Wohnmobils steht.

Du kannst aber auch über eine eigene Webseite Produkte vertreiben und/oder Affiliate-Links nutzen. Ausführliche detaillierte Infos und konkrete Empfehlungen über eine Vielzahl von weiteren

Möglichkeiten findet ihr bei **Goodbye 9 to 5 - ortsunabhängig Geld verdienen**

Sei einfach kreativ, schau dich um im Markt. Und selbst wenn du glaubst, das gibt es doch schon. Natürlich ist es so. Aber hört Nike auf, Sneaker zu verkaufen, nur weil es auch andere Anbieter gibt?

Ja, es kommt noch viel besser! Setz einfach die Scheuklappen ab, die bislang dazu geführt haben, dass du die Chancen nicht siehst! Die Welt der Möglichkeiten ist riesig! Auch deine!

Bist du Coach, Trainer oder Berater? Dann ist das online arbeiten doch wie gemacht für dich! Es gibt kaum ein Tool, das du online nicht nutzen kannst. Sollte euch eines einfallen, schreibt mir gerne, dann beweise ich euch entweder das Gegenteil oder ich nehme es in meiner Neuauflage dieses Buches als Gegenbeispiel auf.

Es gibt so viele kreative Berufe, die auch von unterwegs aus funktionieren, z.B. Steuerberater! Wozu brauche ich einen persönlichen Kontakt zum Steuerberater? Außer du bist genau in dieser Branche und du hast genau den gleichen Glaubenssatz wie ich früher: ich brauche meine Kunden persönlich in der Praxis. OK, dann ist das eben eine Zeitlang noch so für dich.

Für alle anderen Steuerberater und ähnliche Berufe gilt: es ist kein Hindernis, dass du dir diesen Beruf ausgewählt hast. Wenn du reisen und online arbeiten willst - im Wohnmobil oder anderswo - feel free!

Entspannungs- / Musik- / Heilpädagogen und alle lehrenden Pädagogen: macht euch frei aus staatlichen Systemen, dann seid ihr frei! Seit Corona wird deutlich, wie wichtig Online-Unterricht ist. Für Schüler, Studenten und Studierenden. Und natürlich für Lehrer, Professoren und alle anderen Lehrenden.

Es ist eine neue Zeit mit vielen neuen Chancen. Nutzt sie.

Schaut auf die Experten, die bereits jetzt Soloselbständige sowie Unternehmen verschiedenster Größenordnungen unterstützen, die digitalen Medien besser zu verstehen und zu nutzen. Wie neue Webseiten mit Wow-Effekt entstehen, Geschäfte, die durch kreative Logo-Designs hervorstechen. Webshops kleiner Familienunternehmen entstehen gerade und werden erfolgreich und bekannt. Online-Kurse, die erfolgreich gelauncht werden, weil sie einer Marketing-Strategie folgen, Podcasts, die nicht ungehört im Äther verschwinden und Blogs, die weltweit gelesen werden. Hinter all diesen tollen neuen Technik-Tools stehen Menschen, die evtl. bereits jetzt orts- und zeitunabhängig arbeiten. Wenn du also hier einen Teil deiner Fertig- und Fähigkeiten siehst: GO! Oder lass dich genau von diesen Menschen unterstützen!

Wenn ihr nämlich jetzt noch glaubt, der Weg von Offline zu Online ist für euch nicht zu schaffen, dann holt euch einen Medien- / Technik- oder Mindset-/Entscheidungs-Coach bzw. einen Virtuellen Assistenten an eure Seite. Geht einen Schritt raus aus eurer Welt und lasst euch begleiten und unterstützen. In der digitalen Welt ist so viel möglich. Werdet sichtbar und sorgt dafür, dass eure Botschaft, euer Wissen, eure Kenntnisse und eure Fähigkeiten, eure Spiritualität, eure Empathie ... hinaus in die Welt darf. Und nicht bei einem Arbeitgeber im Kollegen- und Kundenkreis Halt machen.

Zwischen dem Angestellten-Verhältnis und meiner Art zu arbeiten und zu leben gibt es 1001 Möglichkeiten, sich zu verwirklichen. Viele Freiheitsliebenden gehen ja sogar noch einen Schritt weiter als ich. Sie sind digitale Nomaden und haben sich von einer Home Base verabschiedet. Leben das ganze Jahr über in einem Wohnmobil, ziehen von einem Ort zum anderen bzw. bleiben einige Wochen, bevor sie wieder weiter ziehen. Ich bewundere diese Menschen. Für mich persönlich ist dies jedoch ein Schritt zu viel. Ich habe gerne einen Ort, zu dem ich zurückkehren kann. Es vermittelt mir Sicherheit. Ja, ich weiß, ich höre einen Chor von Stimmen, die jetzt sagen, das ist nur eine Schein-Sicherheit. Sie haben Recht. Ich behaupte ja auch nur, dass es mir ein subjektives Gefühl von Sicherheit vermittelt. Und ich gehe einem weiteren Bedürfnis nach: ich bin nämlich ein Wandel-Typ. Das heißt nicht, dass ich wie ein Chamäleon ständig meine Farbe und damit meine Meinung ändere. Aber ich kenne jetzt das Gefühl von wegfahren und von nach Hause kommen. Ich kann nicht sagen, dass mir das eine lieber ist als das andere. Für mich ist es genau dieser Wechsel. Ich liebe es ohne Ende, mit dem Wohnmobil an ein bekanntes oder unbekanntes Ziel zu fahren. Ich verspüre Vorfreude wie das kleine Mädchen an Heiligabend kurz vor dem Geschenke auspacken. Ich bin aufgeregt und kann die Nacht davor schlecht bis gar nicht schlafen und mein Herz pocht wild vor Glück. Und wisst ihr was, genau so ergeht es mir auch, wenn wir beschließen, den Weg nach Hause anzutreten. Ich liebe es, nach Hause zu kommen. Auch hier bin ich voller Vorfreude und Aufregung. Und ich weiß, das Nachhause kommen ist nicht das Ziel, sondern der Zwischenstopp, bevor es wieder los geht. Und das in Verbindung mit der freien Entscheidung, den Zeitpunkt, den Weg und das Ziel frei zu wählen. Alleine beim Aufschreiben bekomme ich eine Ahnung von der Dimension meiner neuen persönlichen Freiheit.

MINDSET

Es gibt so viele Mindset-Coaches! Es gibt so viele geniale, erfolgreiche Mindset-Coaches. Es wurde wahrscheinlich schon alles über Mindset aus unterschiedlichsten Perspektiven gesagt. Alles beleuchtet. Alles zerpflückt. Alles belächelt. Das Gegenteil bewiesen. Das alte Wissen neu gestylt und die alte Wahrheit mit neuen Worten zeitgemäß als eigene Wahrheit geschrieben und gepostet. Alles ist möglich.

Ich bezeichne mich nicht als Mindset-Expertin. Aber gerade weil alles möglich ist, möchte auch ich noch einmal etwas aus meiner Perspektive und zu meinem Thema dazu sagen.

Wie einige Sätze zuvor bereits beschrieben, ist es hilfreich, sich zu vernetzen. Dabei ist es von Vorteil, sich mit Gleichgesinnten zu vernetzen, die ähnliche oder dieselben Ziele haben. Dies motiviert dranzubleiben, wenn es mal nicht so leicht erscheint. Noch hilfreicher erscheint mir, nach Menschen zu schauen, die bereits einen Schritt weiter sind als wir oder sogar schon an einem Ziel, von dem wir glauben, dass es auch unser

Ziel ist. Menschen, die das können, was wir noch nicht können. Im Bereich Technik oder im Bereich Motivation. Was auch immer ihr noch braucht für den nächsten Schritt. Schaut euch an, was diese Menschen anders machen. Was sie konkret tun, wie sie denken, wie sie sprechen. Ich meine damit keinesfalls, du sollst diese Menschen imitieren oder ihre Sprache annehmen. Aber du kannst von ihnen lernen. Weil sie deinen Weg oder einen ganz ähnlichen bereits gegangen sind. Nimm Kontakt auf. Stelle deine Fragen. Bitte um Unterstützung. Lass dich genau von diesen Menschen coachen. Denn sie verstehen dich. Sie wissen genau, was du fühlst und was du brauchst. Und sie sind bereit, dich zu deinem Ziel zu begleiten.

Was hat das jetzt mit Mindset zu tun? Für mich ist das der Schnittpunkt zu deinen Gedanken, deinen Gefühlen und deinem TUN.

Wenn ich ein Ziel vor Augen habe und daran glaube, dann lasse ich mich auch unterstützen. Weil ich an mich selbst und an mein Ziel glaube. Weil ich mich ernst nehme. Meinem Gefühl vertraue.

Mindset heisst für mich: ich gehe nicht nur davon aus, dass ich es schaffe. Sondern, ich handle so, als sei ich bereits am Ziel. Du darfst groß denken. Raus aus der Komfortzone ist ja nun schon wirklich oft gesagt und schmeckt für mich mittlerweile wie ein ausgekauter Kaugummi. Ich halte es auch eher mit der Dehnung. Du darfst deine Komfortzone dehnen, weil es auch dafür einen Muskel gibt, so wie es im Übrigen einen Geldmuskel gibt.

Die Komfortzone zu dehnen und darin zu wachsen ist für mich ein schöneres Bild als aus der Komfortzone heraus zu springen. Ich mag es gerne sacht, vielleicht auch, weil ich immer ein kleines bisschen subjektive Sicherheit fühlen will.

Das große Thema Vertrauen. Vertraust du deinen Gedanken? Oder deinen Gefühlen? Oder nur deinen Taten? Mindset funktioniert für mich genau in dieser Reihenfolge!

Wenn deine Gedanken positiv sind, du also an dich glaubst, an dein Projekt, an dein Vorhaben, an deine Träume, dann bin ich sicher, lösen diese Gedanken Gefühle bei dir aus. Das kennen wir ja alle. Wenn du an deinen letzten Urlaub denkst und dieser für dich besonders schön war, weil das Wetter perfekt war, du vielleicht eine neue Sportart erlernt hast oder sogar deinen künftigen Ehemann kennen gelernt hast, dann fängst du an zu schwärmen. Deine Gedanken, deine Erzählungen lösen ein bestimmtes Gefühl bei dir aus. Du fühlst dich für einen Moment wieder hineinversetzt in diesen Glücksrausch, der Moment der ersten Liebe, der Moment, als du zum ersten Mal auf dem Board stehen konntest, der Moment, in dem du mit dem Heli über den Canyon geflogen bist .... Deine Gedanken lösen die Gefühle aus. Und diese Gefühle bewegen dich dazu, dir mehr davon zu holen. Vielleicht nimmst du jetzt deinen Schatz in den Arm oder buchst den nächsten Urlaub, weil du natürlich mit diesen Gedanken und diesen Gefühlen plötzlich ins TUN kommst.

Genau so funktioniert für mich Mindset. Was würdest du JETZT tun, wenn du bereits selbständig wärst / online arbeiten würdest / ein Wohnmobil hättest ....? Welche Gedanken, Gefühle hättest du und wozu würden diese führen?

Stelle dir die Fragen:

Was konkret könnte ich tun, um mehr von diesen positiven Gedanken und Gefühlen zu bekommen?

Was konkret brauche ich dazu?

Wer oder was könnte für mich hilfreich sein?

Mit wem könnte ich mich vernetzen?

Welche Fragen könnte ich stellen?

Welchen ersten kleinen Schritt könnte ich heute gehen?

Wenn Gedanken deine Gefühle und dein Tun beeinflussen, dann ist es doch besser, an das Positive, an dein Ziel, an deine Träume zu denken als an das, was deiner Meinung nach gerade dagegen spricht. Denn hier steht es nochmal deutlich: DAGEGEN. Negative Gedanken arbeiten GEGEN DICH und GEGEN dein Ziel. Wenn alles möglich ist und wenn du die Wahl und die Entscheidung hast, dann entscheide dich doch einfach DAFÜR!

Eine einfach Übung ist, euch nicht zu überlegen, was ihr NICHT mehr haben wollt. Also, wovon ihr weg kommen wollt. Sondern zu überlegen,

WOHIN ihr wollt und was ihr dafür benötigt.

Wenn du deine Glaubenssätze nämlich umformulierst und für dich nutzt, dann führen sie dich zu Erkenntnissen und ersten Schritten. Du kannst dich fragen:

Was brauche ich, um ... zu wissen / zu erkennen / mich auszutauschen .... Z.B.

- mit welcher Tätigkeit ich online gehen kann
- wieviel Geld ich als Selbständiger wirklich brauche und was zu beachten ist
- um eine erste Veränderung in Richtung online arbeiten / ortsunabhängig arbeiten auszuprobieren
- Was konkret muss ich tun, damit es sich für mich lohnt, an meinem Vorhaben dran zu bleiben?
- um herauszufinden, was ich wirklich will bzw. damit ich eine Entscheidung treffen kann
- um herauszufinden, wo ich in meinem Leben wirklich hinwill, also was konkret mein Ziel ist
- um Erfahrungen mit dem reisen im Wohnmobil und/oder online arbeiten zu machen

Ihr merkt schon an der Formulierung, dass -sobald du HIN ZU denkst und fühlst- deutlich wird, dass es deine

Eigenverantwortung ist, dafür zu sorgen, dass du ins TUN kommst. Ansonsten besteht die Gefahr, dass du irgendwann andere Menschen oder Umstände dafür verantwortlich machst, dass du nicht an dein Ziel kommst.

Du bist selbst z.B. Coach, Berater, Medien- oder Technik-Experte und sitzt zuhause an deinem Schreibtisch? Wünschst dir aber insgeheim zu reisen und gleichzeitig Geld zu verdienen? Dann liegt es nicht an deinem Beruf. Dann liegt es unter Umständen an deinen Glaubenssätzen, die dich hindern. An fehlendem Mut oder fehlendem Selbstvertrauen. Oder an deinem kleinen inneren Saboteur, der ganz tief drinnen in dir sitzt und dir zuflüstert: das ist nur etwas für die Anderen, nichts für dich! Kennst du den? Solange du ihm die Macht gibst, für dich zu sprechen, wirst du keine Entscheidung treffen können. Zumindest keine, die dir positive Veränderungen bringt, die dich deinen Zielen, Träumen und Bedürfnissen näher bringt. Wenn dies auf dich zutrifft, dann darfst du gerne mein Entscheidungscoaching nutzen, damit du wieder hin zu deinen Zielen gehst und nicht vor ihnen davon läufst.

Und jetzt noch abschließend zum Thema Mindset eine wunderbare berührende Geschichte aus meinem Camper -Freundes-Kreis. Wenn du glaubst, du brauchst für Mindset einen Coach oder musst einen teuren Kurs buchen, dann hör dir diese unglaubliche Geschichte von Holly und ihrem Herrchen an, der das Wort Mindset wahrscheinlich in diesem Zusammenhang noch nie gehört hat.

Holly ist ein altes Labrador-Mädchen, die mit ihren menschlichen Begleitern seit 15 Jahren jede Camper-Tour mitmacht. Sie ist immer dabei. Ob zuhause oder in Spanien, ob auf einem einfachen Stellplatz oder auf einem feudalen Campingplatz. Hauptsache, Freß- und Futternapf, gemütliche Kuscheldecke, Frauchen und Herrchen sind dabei. Und das in genau dieser Reihenfolge.

Es kam die Zeit, dass Holly krank wurde. Sie bekam Arthrose, wie übrigens viele Labradore, da dies leider genetisch bedingt ist. Über zwei Jahre bekam Holly Physiotherapie, Wassergymnastik, Akupunktur, im letzten Jahr Schmerzmittel. Irgendwann konnte Holly ihre Hinterbeine kaum mehr bewegen. Sie schaffte nur noch wenige Meter bis zur Pippistelle, musste in einer extra angefertigten Tragehilfe unterstützt werden. Es kam der Tag der Entscheidung. Die Phyiotherapeutin konnte nicht mehr weiterhelfen. Es gab nichts mehr zu tun, da die Hilfe der Therapie eher Schmerzen als Linderung verursachten. Die Schmerztabletten mussten erhöht werden und der Tierarzt sprach ein mahnendes Wort.

Ihr könnt euch schon denken, worauf es hinausläuft. Ein Hund, der so krank ist, darf erlöst werden. Am Tag der Entscheidung also ist eine Veränderung passiert: Hollys Herrchen nämlich hat eine Entscheidung getroffen. Der Zufall wollte es, dass er von einem Freund ein Mittel auf Hanfbasis bekam mit dem Hinweis, dieses auszuprobieren. (Bitte nehmt dies auf keinen Fall als Hinweis, irgendein Mittelchen an eurem Tier auszuprobieren!!! Die Empfehlung in diesem Falle hatte Hand und Fuß).

Tatsache ist: Holly frisst, Magen und Darm funktionieren, sie nimmt lebhaft und aufmerksam Anteil an allem, was um sie herum ist. Sie freut sich, bellt, fängt ihr Leckerchen…. Bis auf die Arthrose eben. Aber, das neue Mittel hat schmerzlindernd gewirkt.

Und jetzt kommt das, was ich euch über Mindset erzählen wollte: Herrchen hat sich nicht einfach gewünscht, dass es seiner Holly wieder besser geht. Er hat nicht einfach nur eine Entscheidung getroffen. Sondern er hat so gehandelt, als wäre Holly gesund. Er hat kurz entschlossen den Tierarzt-Termin abgesagt, Futter für das nächste Jahr gekauft, die nächste Reise mit dem WoMo geplant, ist mit Frauchen und Holly nach Spanien gefahren und nach 4 Monaten wieder zurück und … in der letzten Woche habe ich Holly gesehen. Sie hat uns und unsere beiden Labbimädchen begrüßt. Sie kam uns die letzten 30 m schwanzwedelnd und auf eigenen Füßen entgegen.

Was für eine Entscheidung. Das Futter für das erste Jahr nach dem Entscheidungstag ist fast aufgefressen!?

Und was macht Herrchen? Er kauft Futter für das nächste Jahr.

Das ist Mindset par excellence!!

Danke für diese wunderbare Geschichte, liebe Steffi und lieber Bernd!

Nachtrag: Holly hat sich entschieden, am 19.07.2020 über die Regenbogenbrücke zu gehen. Danke für ein geschenktes Jahr!

DIE NEUE FREIHEIT

Als wir 2015 zum ersten Mal mit dem Wohnwagen auf Tour gingen, hatte ich mich gerade zu 100 % selbständig gemacht und hatte mir 3 Wochen Urlaub selbst genehmigt. Dachte ich damals schon an Online arbeiten? Nein! Im Sommer 2015 war unsere Labrador-Hündin Paula gerade anderthalb Jahre alt und wir waren schon einmal mit ihr in Urlaub. Damals hatten wir uns ein Ferienhaus gemietet. Das war ein wirklich schönes Häuschen mit riesigem Garten, direkt an der holländischen Grenze im schönen Dietzum. Wer von euch schon mal da war und auch Hundebesitzer ist, wird unsere Enttäuschung verstehen: ein wunderschöner Ort, schöne Landschaft, nette Leute. Aber die Wege Richtung Deich sind aus Naturschutzgründen alle für Hunde gesperrt bzw. mit großen Gittern im Boden so ungemütlich gestaltet, dass es wenig Spaß macht, mit einem Hund unterwegs zu sein. Die Gitter sind dafür, dass die freilaufenden Schafe nicht ihr Revier verlassen. Macht also Sinn. Nicht aber für uns und unseren Hund. So haben wir überlegt, uns das nächste Mal besser zu informieren und zu schauen, wo es Hundestrände gibt. Natürlich ist alles möglich, wir sind bei dieser Recherche jedoch auf die Idee gekommen, uns unabhängig von Ferienwohnungen zu machen. Denn einmal gebucht und eingezogen, ist man natürlich festgelegt. Hält das Häuschen und die Gegend dann nicht das, was es verspricht, ist man unter Umständen enttäuscht. So erging es uns zumindest in unserem ersten Urlaub mit Hund.

Bei unserer Recherche also kamen wir auf die Idee, uns für den nächsten Urlaub ein Wohnmobil zu mieten. Und das war aus heutiger Sicht eine super Idee. Noch während wir bei einer Vermietung waren und nach Wohnmobilen geschaut haben und die Preise für Vermietung realisiert haben ... schwupps haben wir einen Wohnwagen entdeckt, der in unserer Stadt verkauft wurde. Einmal reingeschaut, mit dem Besitzer verhandelt, Wohnwagen gekauft. Völlig naiv und unerfahren waren wir nun sehr stolze Besitzer eines insgesamt 10 m langen Wohnwagens! Hoppla, nun fingen wir erstmal mit einem Fahrtraining an und nicht lange danach waren wir unterwegs nach Frankreich zu unserem ersten ortsunabhängigen Reisen mit Hund.

Ziel war zunächst Dune de Pyla in Frankreich. Wunderschön! Der Wohnwagen hatte einen großen Vorteil: Wir konnten mit unserem PKW die Gegend erkunden, einkaufen fahren oder eben mal zu einem anderen Strand. Wir waren unabhängig vom Campingplatz und konnten Ausflüge planen. Die Hin- und Rückfahrt war für uns jedoch super anstrengend.

Klassischer Anfängerfehler – stop - Anfängererfahrung! Wir hatten nämlich nicht beachtet und bedacht, dass unser PKW gerade mal eben so geeignet war, solch einen großen Wohnwagen zu ziehen. Vom Gewicht her gerade noch so OK, aber keinesfalls das, was ich mir unter entspanntem Reisen vorstellte. Wir mussten als Anfänger höllisch aufpassen. Schneller zu fahren als 80 km/h war kaum möglich, sofort fing der Hänger an zu schlingern. Die LKWs überholten uns zum Teil hupend, denn natürlich waren wir in deren Augen ein Hindernis auf jeder Autobahn. Bei jedem Überholen durch einen LKW wurde unser Wohnwagen und unser PKW leicht durchgeruckelt, es entsteht nämlich ein Sog, der seine Wirkung hat.

Ihr könnt euch also vorstellen, dass sich eine Strecke von ca. 1200 km ziemlich in die Länge zieht, wenn man in einem solchen Schneckentempo unterwegs ist. Wir waren angespannt und die Erholung der letzten drei Wochen hatte sich während der Rückfahrt so ziemlich erledigt.

Trotz allem war es eine wunderbare Zeit und der Anfang meiner Lust auf spontanes Reisen im eigenen Zuhause.

Die zähe und anstrengende Fahrt mit dem Wohnwagen hat uns nicht abgeschreckt. Im Gegenteil, die Art des ungezwungenen Urlaubs, die alternative Art des Reisens, aber auch die besonderen Menschen, die ich wahrscheinlich in einem Hotel oder einer Ferienwohnung nicht getroffen hätte, haben uns nicht mehr losgelassen. Irgendwie waren wir infiziert. Und wir wollten mehr davon.

Es wäre jedoch nicht klug gewesen, die Kombination aus vorhandenem Fahrzeug und Wohnwagen genau so zu behalten. Mittlerweile hatten wir uns intensiver informiert und standen vor der Entscheidung, entweder ein größeres Auto zu kaufen, das diesem riesigen Wohnwagen eher gewachsen ist oder auf ein Wohnmobil umzusteigen. Wir haben uns für letzteres entschieden. Ich kann euch jedoch nicht sagen, dass

Wohnwagen schlechter ist als Wohnmobil oder umgekehrt. Es hat sich für uns so ergeben. Und wie euch jeder Camper bestätigen kann, hat jede Möglichkeit Vor- bzw. Nachteile.

Seid ihr mit einem Wohnwagen unterwegs, achtet darauf, dass ihr das richtige Zugfahrzeug habt. Natürlich muss dieses auch eine Anhängerkupplung haben!

DIE ÄRA WOHNMOBIL UND ANFÄNGERFEHLER

Nachdem wir nach einer Saison unseren Wohnwagen mit einem Tränchen in den Augen verkauft hatten, ist auch direkt unser neuer Begleiter auf unseren hauseigenen Parkplatz eingezogen: unser Wohnmobil *Dicker Schorsch.* Wir waren stolz wie Bolle. März 2016 – sofort wurden Pläne geschmiedet für unser erstes Reiseziel. Schnell waren wir uns einig: Der erste Kurzurlaub sollte über die Oster-Feiertage stattfinden, und zwar an den Gardasee. Dies war nicht der Anfängerfehler an sich, sondern die Tatsache, dass wir allen ernstes glaubten, nicht reservieren zu müssen. Damals dachten wir noch, der Gardasee ist so groß, wir werden doch wohl irgendwo ein Plätzchen finden, vielleicht auch im Hinterland.

Wir fuhren also einfach los und ... ich kann es kaum beschreiben, mir fehlen die Worte, ich habe selten solche Menschenmassen gesehen. Gründonnerstag um die Mittagszeit waren nicht nur sämtliche Camping- und Stellplätze rund um den See belegt, es gab noch nicht mal einen Parkplatz, auf dem wir für einige

Stunden hätten stehen können. Herrlichstes Oster-Wetter hatte viele Deutsche zum Gardasee gelockt. Die Italiener selbst waren schlau genug, zu Hause zu bleiben. Wir versuchten, uns die Situation selbst schön zu reden, telefonierten noch die restlichen Campingplätze ab, besprachen uns mit Campingfreunden, die ebenfalls in der Gegend unterwegs waren. Das Ergebnis blieb gleich! Kein einziges Plätzchen für uns! Im nachhinein bin ich froh, dass wir mit unseren Dicken Schorsch nicht irgendwo noch dazwischen gequetscht wurden und eine Miniparzelle ohne Blick auf den See ergattert haben. Wir hatten das Glück, einen Campingplatz in den Bergen zu erreichen, der aufgrund des schönen Wetters drei Wochen vor dem eigentlichen Saisonstart seine Pforten öffnete. Also fuhren wir die "wenigen Kilometer", wie es in der Beschreibung hieß, in die Berge, zum Camping Park Baita Domomiti Village. Wir waren voller Abenteuerlust und freuten uns darauf, anzukommen und an einem schönen Ort den Abend mit einem Gläschen Wein und einem schönen Abendessen zu beginnen. Wir brauchten jedoch jede Menge Geduld. Denn die wenigen Kilometer waren in Luftlinie schöngerechnet und in der Realität viele

Kilometer mehr und dann noch in Serpentinen zurück zu legen. In jeder Kehrkurve, die wir mit leisem Schaudern erklommen, hatten wir aufs Neue die Hoffnung, die letzte Kurve genommen zu haben. Immer höher ging es hinaus, die Vegetation wurde karger, der Touristenrummel zusehends weniger. Aber wir hatten ein Ziel. Für die angegebenen „wenigen" Kilometer brauchten wir fast 3 Stunden – und wurden belohnt! Ein wunderschöner Campingplatz in den Bergen, mitten im Naturschutzgebiet, kaum Gäste, auf den Wiesen Kühe und Schafe. Die Espressobar, der Bäcker und die Vinothek direkt um die Ecke. Der Schnee glänzte weiß in der Ferne auf den Bergspitzen. Wir waren glücklich. Aus einem Anfängerfehler, nämlich ohne Reservierung und ohne Erkundigung, an Ostern an einen der beliebtesten Touristen-Orte zu fahren, wurde ein wunderbarer Kurzurlaub. Das Ergebnis war so wunderbar, wenn auch mit Umwegen, dass ich gar nicht von einem Fehler sprechen will, sondern eher von einer wunderbaren Anfängererfahrung. Als Empfehlung für euch hier der Weg zur entsprechenden Webseite des Platzes: https://www.baita-dolomiti.it/

Wir hatten einige Tage Zeit und Gelegenheit zum Wandern und Ausspannen. Nach drei Tagen schlug jedoch das Wetter um und es wurde nachts so empfindlich kalt, dass wir unsere Heizung anstellten. Nun hatten wir es gemütlich warm und auch in Deutschland kann man ja nicht davon ausgehen, dass bereits im April sommerliche Temperaturen herrschen. So empfanden wir die Wetterlage überhaupt nicht als Nachteil. Bis wir in der dritten Nacht wach wurden und froren. Wir hatten doch die Heizung an, war diese etwa kaputt oder nur ausgefallen? Nach einer Zeit des Überprüfens wurde klar: eine unserer Gasflaschen war leer und wir mussten mitten in der Nacht mit der Taschenlampe eine neue Gasflasche anschließen. Immerhin hatten wir ja zwei Gasflaschen dabei, aber leider noch keine automatische Funktion, die bewirkt, dass die zweite Gasflasche automatisch zum Einsatz kommt, wenn die erste leer ist. Diese Funktion, also eine Truma Duo Control, haben wir mittlerweile eingebaut und noch eine geniale Erfindung: einen Gas-Füllstandsanzeiger für unsere Propangasflaschen aus Stahl, der einen magnetischen Sensor besitzt und per Bluetooth mit unserem Smartphone verbunden ist. Ist das nicht eine coole Erfindung!? Seit dem haben wir es nicht nur im Frühjahr oder Herbst auch nachts mollig warm im Wohnmobil sondern verschwenden keinen Gedanken mehr daran, dass uns nachts plötzlich das Gas ausgehen könnte. Das ist schon eine Erleichterung, wie ich finde und ein wunderschönes technisches Spielzeug für jeden Mann und jede Frau. Solltet ihr keine magnetischen Stahl-Gasflaschen haben, gibt es noch ein tolles Technik-Tool, damit ihr den Füllstandanzeiger trotzdem benutzen könnt. Schaut einfach in die Zusammenfassung auf meiner Webseite!

WOHNWAGEN ODER WOHNMOBIL?

Der Vorteil eines Wohnwagens ist, dass ihr an eurem (vorübergehenden) Zielort unabhängiger seid, d.h. ihr könnt den Wohnwagen auf einem Campingplatz stehen lassen und erkundet mit eurem PKW die Gegend bzw. fahrt zum Einkaufen. Ein Wohnwagen kann u.U. innen mehr Platz haben, hat meist aber keine Dusche. Deshalb sind Wohnwagen auch überwiegend auf Campingplätzen erlaubt, eher nicht auf Stellplätzen. Der Grund ist, dass Stellplätze oft keine sanitären Anlagen haben. Dies ist jedoch nicht immer und generell so, natürlich gibt es Ausnahmen und mittlerweile haben einige Stellplätze auch sanitäre Einrichtungen und dafür die Preise angehoben. Also auch hier gilt es, das Geeignete für die persönlichen Ansprüche, Vorstellungen und Bedürfnisse zu finden, was euch am meisten zusagt. Und ausprobieren. Sich immer wieder einlassen auf neue Erfahrungen. Auch das ist Freiheit. Es gibt immer wieder aktualisierte Stellplatz- bzw. Campingplatzführer.

Eine bewährte Quelle für eine Auswahl an getesteten Reisemobil-Stellplätzen bietet nach wie vor Promobil.

Hier werden weit über 4000 Stellplätze in Deutschland & Europa aufgeführt mit jeweils einer ausführlichen Beschreibung. Diese Stellplatzführer sind ja ein ganz klein wenig old school. Aber ich oute mich hier: für die Vorbereitung einer Reise liebe ich es, ein Buch in die Hand zu nehmen, darin zu blättern und schon mal loszuträumen. Für unterwegs ist da eine App auf dem Handy vielleicht praktischer. Aber so ein Stellplatzführer in der Hand ist eben etwas handfestes, im wahrsten Sinne des Wortes!

Ich kann und möchte hier natürlich nicht alle Camping- und Stellplatzführer erwähnen, aber ich wurde im Vorfeld des Buches so oft auf meine persönlichen Empfehlungen angesprochen, dass ich noch einen Klassiker speziell für Wohnmobil-Reisende erwähnen möchte, nämlich ACSI, der nicht nur einen kompletten Überblick über 9 000 kontrollierte Stellplätze und mehr als 3 600 inspizierte Campingplätze bietet, sondern auch die CampingCard, mit der man in der Nebensaison ermäßigt übernachten kann. Für alle Schnäppchenjäger, die es ja auch unter den Wohnmobilisten geben soll, lohnt sich das auf jeden Fall!

Hierzu gibt es Apps, die ihr euch auf euer Handy laden könnt. Das haben wir gemacht, wir haben jedoch auch die Möglichkeit, über unser Navi auf beliebte Apps zuzugreifen, z.B. Stellplatz-Radar oder park4night. Das ist super praktisch, weil wir unsere Übernachtungen während weiteren Fahrten oft nicht vorplanen, sondern uns danach richten, wie fit wir uns fühlen. Also ob wir noch weiter fahren wollen und können oder uns langsam auf die Suche nach einem geeigneten Übernachtungsplatz machen. Das ist bei uns meist schon am Nachmittag der Fall, weil ich persönlich pro Tag nicht mehr als 500-600 km fahren will. Ich möchte die Reise an sich genießen und freue mich immer auf den nächsten Halt. Unsere Hunde sind zwar super gechillt während der Fahrt, aber mehr als 3 Stunden am Stück finden sie dann doch langweilig. Bei uns hat es sich deshalb ergeben, dass wir auch in diesem Rhythmus längere Pausen machen. Zirka 300 km und Frauchen und Hunde wollen Pause. So ist unser Reisegesetz.

Was das Navigationsgerät angeht, so achtet bitte darauf, dass es für euer Fahrzeug eingestellt ist. Das ist bei uns z.B. über 3,5 to. So ist sicher gestellt, dass ihr nicht in kleine Gässchen geleitet oder über nicht dafür geeignete kleine Brücken geführt wirst. Mit unserem ersten Navi und unserem Wohnwagen sind wir z.B. mal aus unerklärlichen Gründen von der Autobahn und quer durch Paris gelotst worden. Das würde uns heute hoffentlich nicht mehr passieren. Zu diesem Zeitpunkt war es für uns super Stress. Heute erzählen wir jedoch mit einem Lachen davon. Dumm gelaufen! Es war ein Abenteuer, das heute unter Anfängererfahrungen fällt! Ohne Grund lassen wir uns heute nicht mehr von der Autobahn führen. Es ist ohnehin gut, wenn ihr euch nicht nur auf euer Navi verlasst, auch wenn es korrekt für die Größe eures Fahrzeuges eingestellt ist. Ihr solltet trotz allem eine grobe Vorstellung davon haben, in welche Richtung ihr fahren wollt, sofern ihr ein Ziel habt. Ein bisschen Orientierung und Vorbereitung tut uns jedenfalls gut, auch wenn wir schon lange keine old school – Karte mehr in der Hand hatten.

Der Vorteil eines Wohnmobils ist, dass diese auf jedem Stellplatz willkommen sind. Auf vielen Plätzen kann man für kleines Geld, also für wenige Euro, übernachten. Viele Stellplätze bieten mittlerweile einen Service an, der sich von Belieferung mit Brötchen bis hin zu sanitären Anlagen oder sogar Waschmaschine und Trockner erstreckt. Aber, wie gesagt, mit jedem Zusatzangebot wird der Preis in der Regel höher. Für jeden individuellen Geschmack werden sich Camping- / Stellplätze finden.

Im Wohnmobil ist man durch Dusche und Toilette unabhängiger. Viele Reisemobile haben Solaranlagen auf dem Dach, d.h. sie sind für einige Tage autark, was Strom angeht. Zumindest so lange, bis Ver- und Entsorgung fällig sind, d.h. also Wasser auffüllen und Toilette leeren. Eine Zeitlang habe ich in meinem Wohnmobil tatsächlich einen kleinen Backofen vermisst, aber auch nur, weil ich einen in meinem Wohnwagen hatte und mich schon direkt in einer Saison daran gewöhnt hatte. Eine super Alternative bietet hier aber der Omnia, ein wahrer Alleskönner. Ich liebe ihn! Eine Form, die auf der Gasflamme im Womo nicht nur leckere Aufläufe zaubert, sondern mit dem man Brot und Kuchen backen kann. Mittlerweile habe ich sogar eine Muffin-Form dafür. Das lässt jetzt wirklich keine Wünsche mehr offen. Wenn wir nur für eine Nacht auf einem Stellplatz sind, bauen wir den Grill natürlich nicht auf, da ist mein Omnia, auch für das Aufbacken von Brötchen, mein Retter. Eine meiner Schwächen ist nämlich, dass ich jeden Tag warmes Essen brauche, um zufrieden zu sein. Da hilft mir dieser

"Backofen" für den Herd ungemein bzw. erleichtert einfach die Zubereitung, wenn es dann doch mal schnell gehen soll.

Wir haben ja nun beides ausprobiert, also Wohnwagen und Wohnmobil. Generell kann ich sagen, dass mit dem Wohnmobil für mich der Urlaub schneller beginnt, weil ich keinen Anhänger abkuppeln und diesen nicht in die richtige Position auf dem Platz bringen muss. Vielleicht noch das Auto ausserhalb des Platzes parken, je nach Wunsch des Betreibers. Es gibt ein bisschen was zu tun, bis der Wohnwagen steht und der Kofferraum des Autos ausgeladen ist. Hat man Pech, ist das Auto bereits auf dem Parkplatz ausserhalb und man bemerkt dann, was alles noch im Kofferraum liegt. Also wieder los. Im WoMo ist eben alles in einem Fahrzeug. Das empfinde ich als Vorteil.

Natürlich kann man nicht überall mit dem Wohnmobil hinfahren, also ich denke nur an die engen Gassen in Italien oder generell Innenstädte, in denen besondere Vorschriften gelten oder der Verkehr einfach nervig ist. Wir haben für uns die Lösung gefunden, dass -sobald wir längere Zeit an einem Ort sind- wir uns ein Auto mieten. Damit sind wir flexibel, kommen in die

Innenstädte oder an besondere Ziele, die Hunde können ebenfalls mit und wir sind entspannt unterwegs.

Egal, wie ihr mobil unterwegs seid, ein wichtiger Punkt ist auf jeden Fall ein wirklich gutes Navigationsgerät. Niemand will einfach ohne Ziel in den Tag fahren, also ich zumindest nicht. Ich brauche ein Navi, auf das ich mich verlassen kann und mit dem Wohnmobil, das mehr als 3,5 Tonnen wiegt, brauche ich Routen, die für LKWs empfohlen werden. Wir brauchen dafür also ein Navi, bei dem wir genau das einstellen können, sonst besteht die Gefahr, in Strassen geführt zu werden, in denen ich höchstens rückwärts wieder raus komme. Also entscheidet euch unbedingt für ein Navi, das ihr von PKW auf LKW umstellen könnt!

Es gibt unzählige Marken und unterschiedliche Ausführungen, aber achtet unbedingt auf diese Umstellmöglichkeit, auch wenn ihr ein Mobil habt, dass nur bis 3,5 to zulässiges Gesamtgewicht unterwegs ist. Auch dieses Fahrzeug ist einfach zu groß für enge Gässchen! Was uns die Erfahrung allerdings auch gelehrt hat ist, dass wir uns nie zu 100 % auf ein Navi verlassen, da dieses uns auch schon aus unerklärlichen

Gründen im Stich gelassen hat und mal eben kurz vor einem Autobahnwechsel ein Update machen musste oder eben mal zwischendurch neu laden wollte oder durch ein Funkloch leicht verwirrt war. Wenn man dann ausgerechnet gerade mitten in einer stressigen Situation ist (so wie wir mitten in Paris) dann kann man so ein technisches Gerät schon mal super gut verfluchen, aber es nutzt ja nichts. Seit diesem Erlebnis haben wir zusätzlich zu einem Navi die Route auf einem unserer Handys. Das Handy steckt in einer Halterung und beide Anzeigen sind direkt nebeneinander zu sehen. Sollte ein Gerät mal ausfallen, dann hoffen wir auf das zweite! Und das hat sich tatsächlich auch schon bewährt. Die Halterung muss zum Glück nicht angeschraubt werden und ein Saugknopf hat sich auch nicht bewährt, deshalb haben wir uns für die Variante entschieden, die man einfach in die Lüftungsschlitze einhängt. Ihr werdet auch hier für euch das Richtige finden!

Es gibt in Deutschland aktuell etwas 200.000 Wohnmobil-Stellplätze. Hinter jedem Camper steht eine Geschichte. Es lohnt sich, die Nachbarn kennenzulernen, auch wenn man nur für 1-2 Übernachtungen bleibt. Das Campen lebt auch von der

Gemeinschaft und der Geselligkeit. Camper untereinander grüßen sich, wenn sie sich auf der Straße begegnen. Und es ist selbstverständlich, dass man sich auch auf dem Stell- oder Campingplatz grüsst. Camper sind in der Regel sehr hilfsbereit und wenn ein Werkzeug fehlt, das Stromkabel zu kurz ist, die Gießkanne vergessen wurde oder zwei Eier fehlen, Camper helfen sich untereinander und stehen sich mit Rat und Tat beiseite.

Noch ein paar Tipps von mir - egal, ob ihr mit Wohnmobil oder Wohnwagen unterwegs seid:

- immer genug 50 Cent bzw. 1 Euro-Stücke dabei haben, auf manchen Stellplätzen gibt es Strom oder Stellplatzeinfahrt nur gegen Münzeinwurf.
- wenn ihr Hubstützen unter eurem Reisemobil oder Wohnwagen habt: schon so mancher Camper hat vergessen, diese vor der Abfahrt wieder reinzukurbeln. Deshalb haben wir ein Schild für das Armaturenbrett: Stützen einfahren! Werden die Stützen vergessen, verzieht man sich im schlimmsten Fall den Rahmen des Anhängers und das wird richtig teuer!

- Die meisten Plätze sind nicht eben, also Auffahrkeile nicht vergessen und eine kleine Wasseruhr, damit ihr seht, wann ihr gerade steht.

- Verlasst niemals den Platz oder legt euch nicht ins Bett, wenn eure Markise noch ausgefahren ist. Wir haben auf diese Weise schon eine Markise verloren, da es „ganz plötzlich" stürmisch wurde. Eine heftige Böe reicht meist schon aus, auch wenn die Markise gesichert ist.

- Wem TV wichtig ist, der sollte auf einem Platz mit Baumbestand vor dem Aufbau der Stühle etc. die Satellitenantenne bzw. den Empfang testen!

- Das Stromkabel darf ruhig richtig lang sein, viele Stromboxen stehen doch mal gerne 20-30 m oder mehr entfernt.

- Ein bisschen Bequemlichkeit darf sein: wir haben uns für unseren Grill einen Außenanschluss legen lassen, so müssen wir keine Gasflasche rausheben bzw. müssen nicht direkt an der Heckgarage nahe der Gasflasche grillen. Mit dem Gas-Außen-anschluss sind wir flexibler, was den Standort des Grills angeht.

DIE SCHÖNSTEN STELL- UND CAMPINGPLÄTZE

Die Vorstellung vieler Camping-Anfänger, man könne sich doch auch „irgendwo" hinstellen, man störe doch niemanden, vielleicht sogar direkt an einen kleinen Fluss oder einen See, es ist ja nur für eine Nacht und .... OK, ihr merkt schon. So einfach ist es nicht. Zumindest in Deutschland und auch in vielen anderen europäischen Ländern ist es unter Strafe verboten, „wild" zu campen. Das hat mit Naturschutz zu tun. Aber auch mit den jeweiligen länderspezifischen Regeln und Gesetzen.

Die Regelungen für die Wohnmobilstellplätze innerhalb Europas sind teilweise sehr komplex und unübersichtlich. In **Deutschland** darf man überall dort, wo es nicht ausdrücklich verboten ist für **eine Nacht** (und nicht länger) mit dem Wohnmobil stehen bleiben. Wer dies tut, sollte sich jedoch der genauen Gesetzeslage bewusst sein, denn diese „Fahrtunterbrechung" dient offiziell nur der **„Wiederherstellung der Fahrtüchtigkeit"**. Konkret:

Wer sich zu müde fühlt weiterzufahren darf, egal zu welcher Uhrzeit, auf einem geeigneten Parkplatz stehen bleiben und sich so lange ausruhen, bis er wieder weiterfahren kann.

Schwierig ist es freilich immer abzugrenzen, wo „die Wiederherstellung der Fahrtüchtigkeit" aufhört und wo „Camping" anfängt. Macht man von dieser Regelung Gebrauch, sollte man auf keinen Fall Stühle rausstellen, die Markise ausfahren, großartig Grillen oder dergleichen anfangen. Auch empfiehlt es sich möglichst spät „anzureisen" und am nächsten Tag zeitig weiterzufahren. Mehr Infos gibt es unter

https://www.bergfreunde.de/basislager/wohnmobil-camper-wildcampen/

In der Corona-Zeit, als es wieder erlaubt war, auf Stell- oder Campingplätze zu fahren und es generell in Deutschland während der Sommerferien zum Teil zu hohem Verkehrsaufkommen kam, wurden tatsächlich trotz dieser Regelungen Camper mit Geldbußen bestraft, die auf öffentlichen Parkplätzen übernachtet hatten. Wenn in manchen Bundesländern die Gesetze der Verkehrsordnung bzw. des Naturschutzes sehr streng eingehalten und geahndet werden, kann dies dazu führen, dass auch Reisemobile unter 3,5 to nicht auf Parkplätzen übernachten dürfen, die nur für PKW ausgewiesen sind. Auch nicht zur Wiederherstellung der Fahrtüchtigkeit.

Eine wunderbare Alternative für offizielle Stellplätze kann in manchen Ländern das **Stehen auf Privatgrund** sein. Ich selbst wohne in einer Weinanbaugegend und hier gibt es mittlerweile viele tolle Weingüter oder Bauernhöfe, die sich auf Camper freuen. Hier zahlt man nur eine kleine Stellplatzgebühr. Sofern man ein wenig Familienanschluss möchte und interessiert ist an den jeweiligen Vermarktern bzw. deren Produkte ist man hier super aufgehoben, wie ich finde.

Ähnliche Angebote findet man auch in anderen europäischen Ländern, ich selbst war auch schon z.B. in der Toskana bzw. in Bordeaux bei einem Weinbauern. Dort haben wir eine Weinprobe gemacht und einen lustigen Abend verbracht. Natürlich haben wir zwei Kartons Wein gekauft, so war es eine faire win:win-Situation und darum geht es mir auch. Alle sollen etwas davon haben. Bauern, Landwirte, Weingüter möchten ihre Produkte bekannt machen und verkaufen. Wir sind daran interessiert, einen sicheren Platz in schöner Landschaft zu bekommen, sehr gerne mit Familienanschluss und interessanten Informationen zu den jeweiligen Produkten bzw. die Möglichkeit, regional und saisonal einzukaufen. Welch ein Gewinn!

Wenn ihr viel in Deutschland unterwegs seid, dann interessiert euch bestimmt dieser Landvergnügen-Stellplatzführer. Bei Interesse erhaltet ihr mit Kauf eine Jahresvignette und eine Mitgliedskarte und könnt regionale Spezialitäten und echte Geheimtipps auf dem Land entdecken. Der Führer kostet zwar ca. € 35,00, aber ihr könnt euch damit eine App freischalten und anschließend kostenlos für jeweils 24 Stunden bei allen aufgeführten Brauereien, Imkereien, Käsereien und Weingüter Gast sein. Übernachtet einfach direkt neben Alpakas, Wasserbüffeln, Schottischen Hochland-Rindern, Thüringer Waldziegen oder Lachsforellen. Ein super Angebot, wie ich finde! Bestellt euch am besten den Stellplatzführer für 2021 vor, falls der 2020er bereits ausverkauft ist!

Das gleiche Konzept gibt es auch für Österreich. Der entsprechende Stellplatzführer heißt Bauernleben und erscheint im September 2020. Das Konzept sowie die

„Goldenen Regeln" sind ähnlich. Es gibt jedoch einen kleinen Unterschied: im Stellplatzführer Landvergnügen für Deutschland wird darum gebeten, sich bei dem jeweiligen Gastgeber telefonisch anzukündigen, was dann ja auch sicherstellt, ob noch ein Platz frei ist. Der Stellplatzführer Bauernleben für Österreich rät dagegen, einfach zum jeweiligen Gastgeber hinzufahren und zu schauen, ob noch ein Platz frei ist, da bei diesem Konzept keine Reservierung erfolgt.

Ich persönlich liebe es, direkt auf einem romantischen Weingut zu übernachten. In meinem Wohnmobil natürlich! Hierzu habe ich einen speziellen Winzeratlas für euch, der genau dies ermöglicht: du übernachtest auf herrlich ruhigen und idyllischen Winzerhöfen – und das gratis. Auch hierzu gibt es wieder eine Vignette, die jedem Winzeratlas beiliegt und ein Jahr lang gültig ist. Der Fokus liegt auf dem privaten und ländlichen Ambiente der kleinen Stellplatzeinheiten, die häufig keine offiziellen Wohnmobilstellplätze sind. So erlebt man die wunderschönen Weinanbaugebiete mal ganz anders. Der Konsum von Wein ist explizit keine Pflicht. Aber natürlich ist es ein wunderbarer Vorteil: abends eine Weinprobe genießen und anschließend gemütlich zum Wohnmobil zurückschlendern. JAAAA, ich liebe es! Der Winzeratlas 2020 verzeichnet rund 200 Winzer, Weinbauern und Winzergenossenschaften in Deutschland, Österreich, Südtirol, Ungarn und dem Elsass. Auch hier gilt wieder: 24 Stunden dürft ihr bleiben. Nach Absprache und einem ordentlichen Einkauf beim Winzer, vielleicht auch länger! Ich finde, der große Vorteil an diesem Verzeichnis ist, dass sogar die GPS-Koordinaten der jeweiligen Weingüter verzeichnet sind, da diese ja manchmal doch recht versteckt liegen. Vielleicht sehen wir uns ja auf einem der Weingüter!

Und ich lege noch einen Tipp obendrauf: Unsere niederländischen Nachbarn haben uns ja mit dem Campen in puncto Erfahrung einiges voraus und deshalb hier noch diese geniale Webseite: https://de.camperstyle.net/svr-niederlande-private-uebernachtungsmoeglichkeiten-camper/

Wenn dir nämlich naturnahes Camping gefällt, ganz ohne Parzellen, Gartenzwerge und Wasserparks und du den Touristenmassen gerne entkommen möchtest, sind die Campingplätze der SVR Niederlande bestimmt etwas für dich. **Auf diesen Plätzen steht die ländliche Umgebung im Vordergrund** und in punkto Freizeitaktivitäten ist so einiges geboten: zum Beispiel Fütterung der Tiere auf den Bauernhöfen oder, wenn du Lust hast mit anzupacken, auch etwas Mitarbeit vor Ort. Auf jeden Fall erhältst du auf vielen der angeschlossenen Plätze einen spannenden Einblick in den Alltag auf einem Bauernhof oder einen anderen Betrieb in ländlicher Umgebung.

Generell finde ich persönlich alle vier Angebote toll. Die Goldenen Regeln der Gastfreundschaft sind jedoch unbedingt zu beachten. Bitte bedenkt, dass ihr zwar in Urlaub seid, die Gastgeber jedoch nicht. Mit eurem Einkauf sagt ihr Danke für die Gastfreundschaft. Es ist selbstverständlich, dass ihr euren Müll mitnehmt. Generell sind Höflichkeit, Rücksichtnahme und gegenseitiger Respekt das beste Rezept!

Ähnliche Angebote gibt es auch in anderen Ländern. Für weitere Infos -auch über zusätzliche Stellplatzführer- für Großbritannien, Irland, Dänemark, Frankreich oder Spanien schaut gerne auf diese Seite http://www.fefi.eu/

DER WEG VOM URLAUB ZUM REISEN UND ORTSUNABHÄNGIGEN ARBEITEN

Ich gehöre nicht zu den Menschen, die dir jetzt die rosarote Brille aufsetzen. Ich erzähle dir nicht, dass du -nur weil du jetzt ortsunabhängig und selbständig und zeitunabhängig und online unterwegs bist- dass du jetzt dein Geld im Schlaf verdienst bzw. während du am Strand liegst dein Konto aufjuchzt und Katsching dröhnt.

Ich sage aber auch nicht, dass du reich sein musst, bevor du diesen Schritt gehen kannst. Aus meiner Sicht ist es nicht ratsam, von heute auf morgen alles hinter sich abzubrechen. Wenn du jetzt gerade kaum Geld hast, um über die Runden zu kommen, rede dir bitte nicht ein, dass es unterwegs finanziell für dich besser wird, nur weil du ein Urlaubsfeeling hast. Plane dein Vorhaben, so wie du deine Selbständigkeit geplant hast. Oder so, wie du eine sehr lange Reise planst.

Ich selbst bin den Weg in die Selbständigkeit und den Weg vom Wohnmobil-Kauf über Urlaub bis zum reisen und online arbeiten in einem Zeitraum von 5 Jahren gegangen. Und mein Weg des Lernens, der Orientierung, der Ausrichtung endet nicht an einem bestimmten Punkt. Wir alle müssen in der Lage sein, uns auf die Gegebenheiten einzulassen. Das gilt für private Zusammenhänge – siehe Partnerschaft und Enge im Wohnmobil – wie auch für äußere Zusammenhänge – siehe Corona. Es gibt keine Sicherheiten, die wir uns dazu kaufen können. Aber die gibt es meiner Meinung auch bei einem Festangestellten-Job nicht – siehe Kurzarbeit und Entlassungen bei Prestige-Firmen wie Lufthansa & Co.

Um sich die Freiheit zu nehmen, sich die LebensZeit frei einteilen zu können, braucht man auch ein gewisses Geldpolster. Ich sage nicht, dass du reich sein musst. Aber du kannst nicht mit Null Euro losfahren. Du kannst nicht fest damit rechnen, dass dich Kunden täglich kontaktieren, nur weil du jetzt ortsunabhängig arbeitest. Deshalb hier meine persönlichen **Tipps**:

* Setze die rosarote Brille ab.
* Frage dich nach deinem WARUM

- Gib deiner Intuition nach, Neues zu entdecken und verfolge gleichzeitig eine Strategie, wie du Einnahmen generierst.
- Stelle dich beruflich breit auf – verlasse dich nicht auf eine Einnahmequelle. Überlege und informiere dich, ob du die Möglichkeiten der passiven Einkommen in Betracht ziehen willst.
- Rechne dir aus, wieviel Geld du mindestens benötigst. Das ist natürlich davon abhängig, ob du alleine unterwegs bist, noch Schulden abbezahlen musst, eine Familie ernähren willst, ...
- Bevor du dich voller Euphorie selbständig machst: sammle Erfahrung im Online-Bereich – dies ist meiner Meinung nach die ideale Brücke zur Selbständigkeit.
- Umgib dich mit Menschen, die ähnliche Träume haben wie du und diese vielleicht auch bereits leben. Lass dich motivieren und inspirieren
- Bevor du dir ein Wohnmobil kaufst, miete dir einen Wohnwagen oder ein Wohnmobil und probiere das Zusammenleben alleine oder mit deinem Partner aus. Es ist nicht jedermanns Sache, auf sich selbst zurück gezogen alleine

durch die Länder zu ziehen. Bei allem Freiheitsdenken. Überlege dir, ob es dir wirklich liegt, über eine lange Zeit -auch bei Regen und Kälte- mit deinem Partner auf relativ engem Raum zu leben. Es gibt nämlich nicht nur die sonnigen Tage – weder klimatisch noch was die Paarbeziehung angeht.

- Kaufe dir erst ein Wohnmobil, wenn du dir sicher bist, dass du auch mehrere Wochen mit eingeschränkten Platzverhältnissen gut zurecht-kommst.

- Wenn du keine großen Geldreserven hast, starte nicht sofort zu einer Weltreise. Beginne damit, dich regional vorzutasten. Du kannst auch wunderbar 50 km von deinem Wohnort entfernt online arbeiten.

- Wenn du finanziell investierst, um zu reisen, dann stelle sicher, dass du schon jetzt so viel verdienst, dass du auch deine Raten für das Wohnmobil, deine Krankenversicherung, Rentenbeiträge, Lebenshaltungskosten, Sonderausgaben ... zahlen kannst.

- Bedenke, dass du nicht mehr verdienst, nur weil du in schönster Lage in einem fernen Land bist.

Auch hier musst du Rechnungen für das Volltanken deines Mobils zahlen.

- Zu Beginn geht es darum, die unterschiedlichen Möglichkeiten, die der Online-Markt dir bietet, auszutesten. Dafür musst du nicht 2000 km weit fahren. Wenn du zusätzlich zu den Raten für das Wohnmobil noch das Benzin und vielleicht Mautgebühren zusätzlich zu den Kosten deiner Home Base hast, solltest du gut mit deinem Guthaben haushalten. Es sei denn, du hast genügend finanzielle Reserven, um nicht nur das erste Jahr gut abgesichert zu überstehen.
- Intuition und Strategie dürfen sich gerne die Waage halten!

ALLTAG

Das Reisen in Verbindung mit Arbeiten ist für mich die ideale Verbindung, ich glaube, das wurde bereits deutlich. Wie schon beschrieben, haben wir uns dafür entschieden, nicht ganzjährig unterwegs zu sein. Ich liebe das Verreisen und ich liebe das nach Hause kommen. Ein Vorteil, den ich dadurch habe ist, dass ich keine zusätzlichen Versicherungen oder Genehmigungen benötige. Ich habe meinen Wohnsitz in Deutschland und zahle auch dort meine Steuern. Krankenversicherung und alle weiteren üblichen Absicherungen bleiben bestehen. Wenn ich längere Zeit im Ausland bin, erkundige ich mich selbstverständlich nach den dortigen Gegebenheiten z.B. der ärztlichen Versorgung bzw. ob ich eine Zusatz-Krankenversicherung benötige. Das kann ich hier aber nicht als pauschale Empfehlung geben. Das ist abhängig von eurem Ziel und vor allen Dingen von der Dauer eures Auslandsaufenthaltes.

Dieses Buch schreibe ich in Zeiten der Corona-Pandemie bzw. nach der ersten Wieder-Öffnung der Camping- und Stellplätze. Von März bis Mitte Mai 2020 waren generell alle Plätze geschlossen. In ganz Europa und darüber hinaus. Unseren Plan, in Andalusien zu überwintern, mussten wir deshalb verschieben. Seit Mitte Mai 2020 sind wir unter Einhaltung der vorgeschriebenen Hygiene-Bestimmungen wieder mit unserem Wohnmobil unterwegs, allerdings zunächst nur regional im Umkreis von 100 km. Es gibt genügend Stellplätze und schöne Orte und überhaupt keinen Grund, weit zu fahren. Eine wunderbare Gelegenheit, auch unsere nähere Umgebung nochmal mit anderen Augen zu sehen und (wieder)zuentdecken. Ich persönlich möchte nach Möglichkeit immer ein Plätzchen in der Nähe eines Flusses, eines Baches, eines Sees. Wenn ich morgens aufwache und den ersten Gassigang mit unseren Hunden drehe und danach mit einer Tasse Kaffee direkt an einem plätschernden Gewässer sitze, dann ist das mein Paradies auf Erden. Alleine dafür hat sich die Veränderung, der Mut und das Durchhaltevermögen gelohnt. So viel musste ich lernen und ausprobieren. Lehrgeld habe ich bezahlt. Dinge ausprobiert, die nicht zu mir passen.

Bei allem, was ich mache, ist es mir wichtig, authentisch zu sein und zu bleiben. Arbeit muss sinnhaft sein. Für mich und für meine Kunden. Das ist fair. Das lebe ich. Das strahle ich aus.

Entscheidungen, die wir treffen, verändern manchmal unser Leben! Ob eine Trennung vom Partner, ein Jobwechsel, ein Umzug in eine fremde Stadt oder in ein fremdes Land. Entscheidungen verändern unser Leben. Oder besser gesagt: jede Veränderung beginnt mit einer Entscheidung.

Dass Entscheidungen uns oft schwer fallen, hängt wohl mit dem subjektiven Gefühl zusammen, dass -wenn wir uns für etwas entscheiden- wir etwas anderes verlieren. So wägen wir ab. Was wäre, wenn? Soll ich dies oder das? In Wahrheit weiß unser Inneres, unser Gefühl ganz genau, was wir brauchen. Aber unser Verstand erzählt uns Geschichten und Einwände und Verbote und hält uns hin, dieses sehr menschliche Verhalten habe ich ja weiter oben bereits erwähnt. Manchmal denke ich, es wäre gut, wenn wir nur das Ziel im Blick haben und uns über den Weg dorthin gar keine Gedanken machen. Nur das Ziel im Gefühl behalten und damit „schwanger gehen". Ganz tief in uns. Uns die Erlaubnis geben, das Gefühl des Ankommens zu behalten. Es gehört uns, niemand kann es uns nehmen.

Nach der Intuition und nach unserer eigenen Erlaubnis, das Gefühl des Ankommens zuzulassen, kommt ein strategischer Schritt. Dann darf der Kopf auch wieder eingeschaltet werden. Wie komme ich an mein Ziel. Was könnte mein erster Schritt sein. Und das Gefühl immer schön präsent behalten.

Mein Alltag ist es also, ganz flexibel entscheiden zu können, wo ich arbeite. Dass ich arbeite, ist dabei unbestritten. Natürlich haben die neuen Medien Vorteile. Ich erreiche online Menschen, die ich regional in meiner Praxis wahrscheinlich nie kennen gelernt hätte. Meine Webseite wird überall gefunden, sodass Menschen, die viele Hunderte Kilometer entfernt wohnen, sich nun nicht mehr scheuen, mich anzuschreiben und Termine mit mir zu vereinbaren. Es ist eine neue Freiheit, diese spüre ich und meine Kunden. Während ich in meiner Praxis früher feste Öffnungszeiten hatte, kann ich jetzt auch Termine am Wochenende anbieten. Das sind große Vorteile des Online-Arbeitens.

Wenn ich meine neue Lebensart beschreibe, mag vielleicht der Eindruck entstehen, dass ich arbeite, wenn ich Lust habe und immer frei bin. Diese Art, meinen Alltag zu leben, ist jedoch nichts für mich. Ich bin zwar unterwegs und mein Alltag sortiert sich anders, aber trotz allem empfehle ich, eine Struktur bei zu behalten. Eine Struktur, die einen Tagesablauf vorgibt. Einen roten Faden, der sich durch den Tag, durch die Woche, durch den Monat zieht.

Ich persönlich behalte mir eine Tagesstruktur bei, auch wenn ich unterwegs bin. Die Versuchung, in den Tag hinein zu leben ist sonst viel zu groß. Mein innerer Schweinehund hätte mich ansonsten im Griff. Nötige Vor- und Nacharbeiten für meine Coachings, das Schreiben an einem Buch oder für Fachzeitschriften, Buchhaltung und Planungen brauchen eine Form der Disziplin, damit sie im Schein der hellen Sonne sichtbar bleiben. Das Leben außerhalb eines Praxis- oder Büroalltags hat durchaus eine Versuchung, Pflichten zu verschieben, und zwar auf Zeiten, wenn ich Lust darauf habe. Dies funktioniert zumindest bei mir nicht. Die Freiheit, die ich mir nehme ist jedoch, zu sagen, meine Arbeitszeit liegt zwischen Frühstück und spätem Mittagessen anstatt zwischen 9-15. Das ist nur in meinem Kopf, aber es fühlt sich für mich wie Freiheit an. Trotzdem ist es eine Struktur, aber ich MUSS jetzt nicht um 8.00 h frühstücken, damit ich um 9.00 h am

Laptop sitze. Ich habe für mich jedoch die Sicherheit, dass ich nach dem Frühstück anfange, ob das jetzt um 8.00 h ist oder um 10.00 h, es kann aber auch mal morgens um 6.30 h sein!

Wenn ihr schon mal gehört oder gelesen habt, dass digitale Nomaden oder Menschen, die vom Wohnmobil aus arbeiten, am Strand arbeiten und Geld verdienen, dann habt ihr selbst wahrscheinlich noch nie am Strand gearbeitet. Denkt doch nur mal daran, wie es ist, wenn ihr eine Nachricht auf dem Handy schreiben und verschicken wollt oder euch Bilder anschauen wollt, die euch gerade erreicht haben. Wie funktioniert das für euch? Könnt ihr die Schrift und die Bilder klar erkennen? Oder seid ihr durch die Sonne derart geblendet, dass ihr kaum etwas erkennen könnt? Ist es möglich, mit solch einer Bildschirmqualität zu arbeiten? Und was ist mit dem Sand, der sich zwischen euren Fingern an die Sonnencreme heftet. Motiviert euch diese Situation, am Strand zu arbeiten? Selbst wenn ihr blendfreie Oberflächen, einen Sonnenschirm und einen Stuhl mit zum Strand nehmt. Ich vermute mal, ihr werdet diesen Aufwand nicht regelmässig betreiben, da es unbequem ist, ihr mehr Zeit für die Vor- und Nachbereitungen benötigt und euch mit Sicherheit, kaum am Strand angekommen einfällt, was ihr jetzt im Wohnmobil oder im Hotel vergessen habt. Und ganz nebenbei, der Akku eures Handys oder Laptops wird nicht für einen Arbeitstag ausreichen. Also fragt euch, wo bekommt ihr Strom und W-LAN am Strand her?

Ich selbst habe noch nie mehr als eine halbe Stunde am Strand gearbeitet. Mit Sicherheit ist es möglich, die ein oder andere Mail zu schreiben, sich Notizen für das nächste Buch aufzuschreiben, Sprachnachrichten als Erinnerungen aufzunehmen oder ein Telefonat zu führen. Das macht aber -zumindest für mich- keinen Arbeitstag aus.

Ich benötige eine zuverlässige Struktur. Und diese ist bei mir ehrlich gesagt nicht so viel anders als zuhause. Es gibt feste Termine, Absprachen, Pläne. Zeiten, in denen ich alleine im Wohnmobil sein möchte, weil ich live gehe oder zoome. Zeiten, in denen ich ungestört sein will, weil ich mich konzentrieren möchte. Und Zeiten, in denen ich jederzeit angesprochen werden will, weil ich etwas erledige, was mir leicht von der Hand geht und trotz Unterbrechungen und Ablenkungen funktioniert.

Für diese Struktur ist es von Vorteil, einen Partner zu haben, der diese Struktur unterstützt und mit lebt. Der Rücksicht nimmt und ebenfalls eine Struktur hat, die sich mit meiner ergänzt. Oder im besten Fall eine Struktur, die ähnlich ist wie meine.

Keine Struktur zu haben, nur weil man sich an Plätzen aufhält, an denen andere Menschen gerade Urlaub machen, führt für mich eher zu einem Gefühl des „ich habe noch sooo viel zu erledigen". Dann kann ich persönlich die Zeit nicht wirklich von Herzen genießen, weil ich immer denke „ich müsste jetzt eigentlich … machen". Es schleicht sich irgendwann ein Gefühl der Unzufriedenheit ein, aber auch ein Gefühl des schlechten Gewissens. Das ist ja unter Umständen genau das, wovon wir uns verabschiedet haben. Was wir nicht mehr in unserem Leben wollten. Wir wollten Freiheit und ein leichtes Leben. Aber für mich gehört auch dazu eine Struktur. Eine soziale Struktur für das Leben unterwegs. Das macht es dann letztendlich leicht und frei. Das ist das, was ich anstrebe. Das gilt für mich. Vielleicht höre und lese ich irgendwann einmal von euren Geheimrezepten und Strukturen, wie ihr eure Arbeit -was immer ihr tut, um Geld zu verdienen- einteilt. Wie es für euch am besten funktioniert.

Vielleicht habt ihr ja eine ganz andere Vorgehensweise, die für euch gut funktioniert. Denn genau so ist es auch für die Frage der Struktur: ich habe es für mich ausprobiert, bis ich zufrieden war. Es hat natürlich nicht vom ersten Tag an perfekt funktioniert. Ich habe viele Wochen einfach mal in den Tag hineingelebt, habe die Gegend, das Wetter, die Landschaft, die Umstände, mein Wohnmobil, mein Leben, meine Entscheidungen .... gefeiert. Alles hat seine Zeit. Für mich funktioniert der Alltag -so schön und aufregend er auch sein mag- allerdings auch von unterwegs aus nur mit einer Portion Disziplin und Struktur. Das ist meine Erfahrung. Macht gerne eure eigenen Erfahrungen. Auch hier kann ich nur sagen, es muss passen. Für euch und euer Leben und eure Erwartungen und letztendlich auch für eure Ansprüche, die ihr habt. Was Lebensqualität aber auch finanzielle Freiheit angeht. Dafür braucht es eine gesunde Balance.

Wer immer behauptet, Geld zu verdienen durch Mindset und Arbeiten am Strand, den beglückwünsche ich von Herzen. Ich möchte und kann euch dies jedoch nicht erzählen. Meine Erfahrungen sind die, dass reisen und online arbeiten sehr gut zueinander passen und für mich auch funktioniert. Aber nicht nebenbei am Strand.

Obwohl, auch auf die Gefahr hin, dass ich euch jetzt verwirre: ich habe auch schon Geld verdient <u>während</u> ich am Strand lag. Das nennt sich passives Einkommen und davon habe ich euch schon in einem vorherigen Kapitel erzählt. Ihr möchtet **jetzt sofort** ausprobieren, wie das geht?

- meldet euch bei amazon partner net an
- erstellt einen Produktlink für dieses Buch
- setzt diesen Link auf eure Webseite, in eure FB-/Instagram-Werbung
- verdient Geld, sobald sich jemand über euren Link das Buch kauft.
- Katsching! Das ist passives Einkommen.

WO BITTE GIBT'S HIER W-LAN?

Technik und W-LAN benötigt jeder, der online arbeitet. Ob von zuhause aus oder ortsunabhängig. Ich persönlich habe mich dafür entschieden, mir für das Wohnmobil einen Hotspot-Catcher zu kaufen, damit ich immer und überall auf der Welt W-LAN-Verbindung habe. Die Antenne wird mit einem Saugknopf auf das Dach des Wohnmobils gestellt. Die Befestigung hält und die Antenne steht sicher. Diese sorgt dafür, dass der Router sich mit Hotspots im Umkreis von ca. 3-4 km verbinden kann. Laut Empfehlung des Herstellers sogar bis zu 12 km im Umkreis, aber diesen Fall hatten wir noch nicht. Tatsächlich glaube ich, dass es aber in Ostfriesland oder auch auf dem Meer (z.B. von einem Schiff aus) möglich ist.

Sollte es trotz aller Technik mal nicht möglich sein, einen Hotspot im empfohlenen Umkreis zu erreichen (was in Deutschland durchaus mal sein kann), dann gibt es für mein Modell des Hotspot-Catchers die Möglichkeit, eine handelsübliche Prepaid-Karte in den Router zu stecken und das vorhandene Datenvolumen zu nutzen. Ich kann natürlich auch zunächst das

Datenvolumen meines Handys nutzen. Das kommt immer darauf an, wieviel Kapazität ich brauche. Ich persönlich gehe täglich live über Zoom und benötige viel Datenvolumen. Deshalb möchte ich auf der sicheren Seite sein. Ich möchte nicht, dass ich eine Beratung oder ein Treffen abbrechen muss, nur weil mein Handy leer ist. Und ich möchte auch nicht ständig darauf achten müssen, wieviel Kapazität ich noch habe. Deshalb ist Strom und W-LAN für meine Arbeit schon wichtig. Mein Anspruch ist, dass ich davon immer genug habe. Neben genug Lebensmittel im Kühlschrank, versteht sich!! Aber dies nur am Rande.

Als Vorbereitung für die Anfahrt auf einen Stellplatz in Deutschland schaue ich gerne auf diese Karte (siehe Zusammenfassung). Hier sind alle Hotspots in Deutschland aufgeführt. Auf Stellplätzen wird meist kein W-LAN angeboten, deshalb erkundige ich mich vorher, wenn ich weiß, dass ich arbeiten werde. Einen Hotspot in der Umgebung zu haben, ist jedoch keine 100 %ige Sicherheit, auch W-LAN zu haben. Manchmal müssen wir unser Wohnmobil nochmal umparken, damit wir auch wirklich Verbindung bekommen. Es kommt tatsächlich darauf an, ob es eine direkte Verbindung zwischen Sender und Empfänger gibt.

Stehe ich in einem Tal und der Hotspot liegt zwar nur 500 m entfernt, aber hinter einem Berg, kann das bedeuten, dass ich trotzdem keinen Empfang habe. Hier sind wir mit der Zeit flexibel in der Wahl unserer Standorte geworden. Das Austesten der Antennen-Verbindung wie auch des Satelliten-Empfangs ist deshalb für uns zum Anfangsritual geworden, damit ich nicht erst nach dem Einrichten auf dem Platz und nach dem Ausfahren der Markise merke, dass ich keinen Empfang habe. Das ist ärgerlich. Dann heißt es, Markise rein, Stützen rein, umparken, womöglich Stühle und Tisch hinterhertragen. Das gehört zu den Anfängererfahrungen und passiert mir heute (hoffentlich) nicht mehr.

WIE VERBINDE ICH PERSÖNLICH MEINE ARBEIT ALS SYSTEMISCHE BERATERIN MIT DEM REISEN UND ORTSUNABHÄNGIGEN ARBEITEN?

Diese Frage hat mich selbst lange daran gehindert, meinen Traum umzusetzen.

Wie ich am Anfang des Buches schon mal kurz erwähnt habe, hatte ich an dieser Stelle meinen größten Glaubenssatz. Meine Angst war nicht, zu wenig Geld zu verdienen oder kein Geld zu verdienen oder keine Aufträge zu bekommen. Sondern meine Vorstellung bzw. meine Gewohnheiten, wie ich mit Menschen arbeite, hatte sich in mir so verinnerlicht, dass ich mir überhaupt nicht vorstellen konnte, dass ich jemals eine Beratung online durchführen könnte. In meinem Kopf waren so viele Widersprüche. Alle Phantasien, alle Gegenargumente, alle Glaubenssätze der Welt waren bei mir zu Hause.

Das lag mit Sicherheit auch daran, dass ich nicht mit PC und digitalen Medien aufgewachsen bin. Ich habe

Jahrzehnte nur mit Menschen zusammen gearbeitet, mit denen ich mich real getroffen habe. In einer Wohnung, in einer Einrichtung, später in meiner Praxis. Mit Eltern, mit Familien, mit Paaren. Immer im persönlichen Gespräch. Es war das, was ich kannte. Um für mich selbst eine Akzeptanz für die Online-Arbeit zu erreichen, brauchte es mindestens zwei wichtige Voraussetzungen: einmal meinen eigenen Wunsch, mich auf das Experiment Online einzulassen. Zweitens brauchte es für mich den Mut, mich selbst online coachen zu lassen. Welch eine Herausforderung. Welche Gedanken, welche Gefühle kamen da bei mir hoch. Alles Gründe, die dagegen sprachen. Alle Szenarien, warum es NICHT funktionieren KANN. Innerlich habe ich meinen Wunsch, mich weiter zu entwickeln, mindestens 100 mal zurück genommen. Wollte mich wieder kurz in meiner molligen Komfortzone ausruhen, wollte mich sicher fühlen. Alle Gewohnheiten beibehalten, das Altbewährte zu nutzen, das Bekannte zu halten. In der Komfortzone bleiben oder nicht darin zu wachsen heißt aber immer auch, sich gegen eine Entwicklung zu entscheiden. Deshalb war ich lange hin und hergerissen. Zwischen molliger Komfortzone und dem Abenteuer Weiterentwicklung.

Geholfen hat mir letztendlich, dass ich generell Neuem gegenüber „eigentlich" aufgeschlossen bin. Das stärkste Argument bzw. das stärkste Gefühl und innerer Antreiber jedoch war meine Motivation. Die Sehnsucht, die bereits begonnene Reise mit dem Wohnmobil fortzusetzen. Dieses Leben und das Gefühl der Freiheit noch mehr zu haben. Es hat mich zu einem Ziel gezogen. Mein Herz, meine Gedanken, meine Gefühle, alle wollten zu diesem Ziel. Ich wollte hin zu reisen und arbeiten. Ich liebte und liebe, die Nähe zu meinem Partner. Das gemeinsame Planen, den Start in das nächste Abenteuer. Das Genießen, anzukommen. Das Besprechen, wie es weitergeht. Welche neuen Ideen, Ziele und Pläne es gibt. Wie kommen wir gemeinsam an ein Ziel. Auf unterschiedlichen Bereichen und Ebenen. Ich wollte das Lebensgefühl, das ich während einer Überwinterung in Südspanien hatte, fest in meiner Zukunft installieren. Das war mein Ziel. Und dieser Wunsch, diese Motivation, diese Überzeugung waren so stark, dass es für mich gar keine Frage war, OB ich an mein Ziel wollte. Meine Frage war nur noch, WIE komme ich an dieses Ziel? Was bringt mich dorthin? Was braucht es dafür? Wen brauche ich dafür?

Also habe ich mich auf das Experiment ONLINE eingelassen. Habe mir Coachings gebucht bei Menschen, die schon dort sind, wo ich hinwollte. Nämlich online Geld zu verdienen. Ich holte mir Menschen an meine Seite, die etwas von Technik verstanden und mir erklärten, wie ich mein Wissen und meinen „Werkzeugkasten" online umsetzen kann. Wie ich trotzdem persönlich und individuell für meine Kunden da sein kann. Wie sie einen Mehrwert von meiner Arbeit haben. Wie sie an ihr Ziel kommen. Bäng. Alles Online. Nach einem Jahr der Vorbereitungen war selbst ich überzeugt. Natürlich funktioniert es.

Mein Tipp: Willst du an ein Ziel, ist es sinnvoll

- Glaubenssätze zu **erkennen**.
- Glaubenssätze zu **überprüfen**, ob diese nützlich sind, dich an dein Ziel zu führen
- Glaubenssätze **aussortieren**, die dich daran hindern, an dein Ziel zu gelangen.

Das hat zumindest mir geholfen, Entscheidungen zu treffen und mein Ziel nicht aus den Augen zu verlieren.

Einer meiner Begleiter in dieser Zeit hat mich motiviert, Autorin zu werden. Mein Wissen, meine Vision, meine Träume weiter zu geben. Hätte ich mir das noch vor einem Jahr vorstellen können? Nein! In diesem <u>Kurs</u> (siehe Zusammenfassung) habe ich jedoch alles gelernt, um ein Buch nicht nur zu erträumen, sondern tatsächlich zu schreiben und zu veröffentlichen! In 4 Wochen von der Idee zur Kindle Veröffentlichung! Und jetzt das zweite Buch direkt hinterher!

Als ich mit meiner Idee des Buch *Mit dem Job auf Reisen gehen* im Frühsommer 2020 zum ersten Mal in die Öffentlichkeit gegangen bin und davon erzählt habe, waren viele Menschen zunächst erstaunt. Erst im Frühjahr diesen Jahres hatte ich mein Buch „<u>Als Paar leben, lieben und arbeiten im Familienunternehmen</u>" heraus gebracht. Dieses Buch ist aus meiner Arbeit mit Paaren in Familienunternehmen entstanden und eine große Schatzkiste!

Und jetzt dieser Titel: Mit dem Job auf Reisen gehen.

Es kam die Frage, ob ich mich umorientiert habe und jetzt inhaltlich beruflich etwas ANDERES mache? Es gab Unverständnis, es gab Zustimmung, es gab Überraschung, es gab den AHA-Effekt. Obgleich die

Titel meiner beiden Bücher zunächst erstmal nichts miteinander zu tun haben, ist es doch so, dass ich meine Arbeit als Paartherapeutin natürlich weiterhin mit Liebe und Hingabe anbiete. Was ich jetzt jedoch öffentlich mache, ist die Umstellung meiner Arbeit von Offline in der Praxis zu überwiegend Online. Gerade stelle ich die Art WIE und WO ich arbeite in den Vordergrund und zeige mich als Mensch. Mein Privatleben lässt sich kaum von meinem Arbeitsleben unterscheiden. Weil es fließend ist. Weil ich Arbeit nicht als schwer empfinde. Trotzdem teile ich mir meine Zeiten ein und behalte mir eine Struktur. Aber die Einteilung Montag bis Freitag und Wochenende existiert für mich kaum noch, genauso wenig wie Feierabend. Dieses Wort habe ich weitgehend aus meinem Wortschatz gestrichen. Feierabend habe ich an manchen Tagen bereits vormittags um 11.00 h. Oder ich buche mir Termine für abends und mache dann erst gegen 22.00 h Schluss. Es ist immer meine Entscheidung und das macht den Unterschied.

Meine Arbeit als Coach für Paare bleibt also nach wie vor. Da hat sich nichts verändert und ich habe mich nicht „umorientiert". Aber ich entwickle mich weiter. Durch die Tatsache, dass ich jetzt viele Menschen daran teilhaben lasse, wie und wo ich arbeite, kommen jedoch neue Kunden mit ähnlichen Themen hinzu. Nämlich Menschen, die ebenfalls Träume, Wünsche und Visionen von einem anderen Leben haben und die sich noch nicht trauen, Entscheidungen zu treffen. Menschen, die mir vertrauen, dass ich sie begleiten kann auf dem Weg der Entscheidung bis zum Ziel. Ich nenne diese Arbeit <u>Entscheidungscoaching</u>, wobei es in meiner Beratung generell immer um Entscheidungen geht. In der Paarbeziehung, auf beruflicher Ebene, in der Phase wichtiger Lebensentscheidungen. Immer geht es auch darum, dass wir uns oft schwertun, Entscheidungen zu treffen und dass es hilfreich ist, hier Unterstützung und einen anderen Blick zu bekommen.

Ich bin fest davon überzeugt, dass sich Paare -und im speziellen Paare in Familienunternehmen- nach einer Form der Freiheit und der Entscheidung sehnen und genau dort überschneiden sich meine Tätigkeitsbereiche. Ich weiß, wovon Paare sprechen, wenn sie sagen, sie fühlen sich nicht frei. Wenn sie davon sprechen, dass sie sich wünschen, endlich anzukommen.

Jeder Mensch möchte gesehen und gehört werden. Wir alle streben danach, dazu zu gehören. Paare sprechen oft den Wunsch aus, dass sie endlich wieder miteinander reden möchten. Nicht streiten. Nicht verletzen und nicht verletzt werden.

Alles war schon einmal da. Bei mir und den Generationen vor mir. Bei meinen Kunden und den Generationen vor ihnen.

Es sind die Themen meiner Vergangenheit, die aktuell sind und die mich auch in die Zukunft tragen. Heute sind sie meine große Ressource.

Ich bin voraus gegangen. Und begleite jetzt Menschen, die auch den Wunsch nach Freiheit haben. Menschen, die eigene Entscheidungen treffen wollen. Die endlich ankommen wollen. Bei sich selbst und im Leben. Ob das ortsunabhängiges Arbeiten heißt oder ob es vielleicht eine andere Art der Freiheit ist. Alles ist schon da. Nur eine Entscheidung entfernt.

Für mich persönlich drückt meine Freiheit sich darin aus, mit dem Wohnmobil unterwegs zu sein. Orts- und zeitunabhängig. Welch ein Geschenk! Danke Leben!

ALS PAAR UNTERWEGS – BEZIEHUNG ON TOUR

Ich selbst bin auch mit meinem Lebensgefährten im Wohnmobil unterwegs. Oder er mit mir. Wir beide zusammen! Es war für mich gar keine Frage, ob das wohl gut geht. Ich war voller Vertrauen. Unser Weg ist gewachsen. Wir haben mit dem Reisen angefangen und das Online Arbeiten kam dazu. Wir haben nicht von heute auf morgen entschieden. Wir haben nicht unser Zuhause aufgegeben, um nur noch unterwegs auf Reisen zu sein. Genau wie mein Weg von einem Angestellten-Verhältnis zu meiner Selbständigkeit ist auch das Arbeiten von Praxis zu Online gewachsen. Weil meine Kunden auch mitwachsen müssen. Es ist ein sachter Übergang. Ich biete nach wie vor Termine in meiner Praxis an sowie auch Online-Kurse und Online-Coaching.

Auf unseren Reisen haben wir viele Paare getroffen. Menschen, die zum Teil bereits seit vielen Jahren, manchmal sogar seit Jahrzehnten mit dem Wohnmobil unterwegs sind. Viele haben ihren Arbeitsplatz auf Online umgestellt. Viele sind beratend unterwegs. Viele nutzen ihr Reisemobil als Werbefläche. Einige sind sowieso viel in Deutschland oder Europa unterwegs und nutzen ihr Wohnmobil als Unterkunft. Diese Menschen sehen diese Art der Reise als großen Vorteil, weil sie sich immer zuhause fühlen und Hotelzimmer eher als Übergangslösung empfunden haben.

Wir haben Handelsvertreter kennen gelernt, Menschen, die im weitesten Sinne etwas mit Camping zu tun haben und in diesem Bereich ortsunabhängig unterwegs sind. Viele Selbständige, die programmieren bzw. technische Unterstützung anbieten. Aber auch Hundetrainer, Fitnesscoaches und Entspannungspädagogen, die auf Campingplätzen ihre Kunden finden. Alle haben für sich Möglichkeiten, zum Teil eine Nische gefunden, in der sie arbeiten und Geld verdienen. Manche erzählen, dass eine Chance auf sie zukam. Weil sie viele Menschen mit unterschiedlichen Interessen, Erfahrungen und Lebensarten getroffen haben und dadurch eine neue Tür aufgehen konnte. Möglichkeiten, an die vorher niemand gedacht hat, weil diese nicht offensichtlich waren.

Wir haben Weltenbummler und Abenteurer kennen gelernt. Menschen, die zwischen 30 und 40 Jahren alt waren und aus einem erfolgreichen, aber stressig empfundenen Arbeitsleben aussteigen bzw. pausieren wollten. Darunter z.b. ein Zahnärzte-Paar, das die eigene Praxis verkauft hat, um sich ein Wohnmobil umzubauen und damit um die Welt zu fahren. Sie haben eine Weltreise geplant und sich 5 Jahre Zeit gegeben mit der Option auf Verlängerung und/oder Rückkehr. Als wir die Beiden trafen, war das erste Jahr vorbei und die Überzeugung gewachsen, dass es ein Zurück in das alte Leben wohl nicht mehr geben wird. Dass es aber viele neue Ideen gab, wie das Paar zukünftig leben und Geld verdienen will. Zahnarztpraxis war irgendwie keine Option mehr...

Nun könnte man einräumen, Zahnarztpraxis verkaufen heißt - viel Geld und damit andere Möglichkeiten haben. Ja, vielleicht. Aber glaubst du wirklich, es ist eine leichte Entscheidung, aus einem „sicheren", erfolgreichen Leben auszusteigen? Ist es leicht, der eigenen Familie mitzuteilen, als Paar auszusteigen, für 5 Jahre weg zu sein? An Orte zu fahren, an denen es nicht immer gemütlich und sicher ist, gerade auch was die ärztliche Versorgung an geht? Ist es eine leichte Entscheidung, die Zahnarztpraxis, die die eigenen Eltern bzw. Schwiegereltern aufgebaut hatten, zu verkaufen? Also auch ein Stück Familientradition ab- bzw. aufzugeben? Ich denke, es war keine leichte Entscheidung und es gab vor dem Reiseantritt sicher viele Glaubenssätze und Widerstände, die überwunden werden mussten. Insofern mein Respekt zu diesem Entscheidungsprozess! Was konkret eine Entscheidung leicht macht, ist meiner Meinung nach eher ein sehr subjektives Empfinden und hat nicht immer unbedingt mit Geld zu tun.

Wir haben junge Eltern mit ihren Kindern getroffen, die die Elternzeit nutzen, um zu reisen. Ein Paar ist mir in Erinnerung, das nur 3 Monate Reisen bzw. Auszeit – Elternzeit geplant hatte und das sich dann so umorganisiert hat, dass es für ein Elternteil möglich ist, online zu arbeiten. Bereits nach wenigen Wochen konnte die junge Familie den wunderbaren Mehrwert erkennen, der ein solch inniges Zusammensein mit einem Kleinkind hat. Zumindest habe ich die beiden als Paar als sehr zufrieden und ausgeglichen erlebt. Eine andere Lebensform. Für dieses Paar mit ihrem Kind hat es gepasst!

Wir treffen auf den Stell- und Campingplätzen aber auch viele Paare, die bereits im Rentenalter sind.

Manche arbeiten noch, weil sie gerne arbeiten. Ich kenne Paare, die -gemeinsam oder getrennt- noch eine beratende Tätigkeit ausüben, z.T. ab und zu ins Ausland reisen, einen Vortrag halten, an einer Sitzung teilnehmen oder ähnliches. Da wird der ehemalige Beruf zum Hobby. Ich persönlich erlebe es als positiv, wenn Mann oder Frau sich nicht von heute auf morgen aus einer verantwortungsvollen Position oder einer erfüllenden Tätigkeit verabschiedet. Dafür gibt es für uns Selbständige zum Glück keinen Grund. Wenn Herzensprojekte weiterverfolgt werden dürfen, hält dies jung und fidel! Und das sind die Rentner der neuen Generation!! Junggeblieben, interessiert, offen und aufgeschlossen!

Aber zurück zu uns als Paar. Generell glaube ich, dass sich Paare oder Familien, die ortsunabhängig arbeiten bzw. reisen, noch mehr absprechen und planen müssen als zuhause mit einem festen Zeitablauf. Denn die soziale Struktur wird mir auf einer Reise bzw. als Selbständiger zum Glück nicht vorgegeben. Darin kann aber ein kleines Fettnäpfchen liegen. Wenn ich mich nämlich schwer tue, für mich eine Struktur zu finden und ich immer der Zeit hinter her laufe, dann wäre das zumindest für mich schwer. Wir als Paar haben unsere

Struktur im Laufe der Zeit gefunden. Nicht nur Zeitstruktur, sondern tatsächlich auch Abläufe, also wer übernimmt in der Regel welche Aufgabe, wer fühlt sich wofür zuständig, wer hat wo seine Stärken. Das geht von der Reiseplanung, über die Fahrt, das Ankommen und Aufbauen und Einrichten und natürlich die Organisation des Alltags vom Einkaufen über Kochen, Essenseinladungen, soziale Kontakte, Erkundung des Umfeldes, Versorgung der Hunde und Gassigang, das ganz normale Leben.

Wie bereits im Kapitel *Mein Alltag* beschrieben, ist es wichtig und für mich entlastend, dass es eine Aufgaben- und Rollenverteilung zwischen meinem Partner und mir gibt, auf die ich mich verlassen kann. Wir handeln natürlich nicht jeden Tag aufs Neue aus, wer was macht und wer wofür zuständig ist. Wir haben als Paar unsere Rollen und eine Struktur gefunden. Das gilt auch und gerade dann, wenn wir unterwegs sind.

Die vielen Geschichten, die wir unterwegs von Paaren gehört haben und die Berichte meiner Co-Autoren zeigen mir, dass es wichtig ist, als Paar ein gemeinsames Ziel zu haben. Nämlich genau diesen Traum des ortsunabhängigen Arbeitens zu leben, wie auch immer man es am Anfang ausdrückt. Es gibt dafür unterschiedliche Redewendungen oder Bezeichnungen. Ich höre z.b. als Ziel:

- *Reisen mit dem Wohnmobil* oder
- *als Paar 24/7* oder
- *die Welt erkunden und Geld verdienen* oder
- *mit dem Hund unterwegs* oder
- *arbeiten in anderen Ländern, wo auch immer ich bin.*

Wie auch immer ihr es formuliert, es muss euer gemeinsamer Traum sein. Dann funktioniert es als Paar, da bin ich mir ganz sicher. Und der Traum und das Ziel darf wachsen, sich entwickeln und grösser werden.

ERFAHRUNGSGESCHICHTEN – GANZ PRIVAT

Von unseren persönlichen Erfahrungen, was das reisen und online arbeiten angeht, habt ihr ja schon einiges lesen dürfen. Hier kommen jetzt aber noch zusätzliche private Berichte von Menschen, die sich ihren Traum ebenfalls erfüllt haben oder gerade dabei sind, ihn zu erfüllen. Menschen, die im wahrsten Sinne des Wortes UNTERWEGS sind. Einige arbeiten bereits online und sind jetzt auf der Suche nach einem Reisemobil. Andere besitzen bereits ein Wohnmobil und stellen aktuell von Offline auf Online um. Menschen, die noch auf der Suche sind und ihre Träume umsetzen wollen und Menschen, die bereits am Ziel sind. Profitiert von diesen Erzählungen, taucht ein in die privaten Geschichten und Empfehlungen. Ich danke an dieser Stelle nochmals ganz herzlich allen, die sofort bereit waren, ihre persönlichen Geschichten zu erzählen, um Andere zu inspirieren! Ich habe diese Beiträge im Übrigen selbstverständlich unzensiert, ungekürzt im Original-Wortlaut übernommen!

<u>Bettina Bornatico</u>

Seit 20 Jahren bin ich als Körpertherapeutin, spirituelle Lehrerin und Unternehmerin unterwegs.

Gestartet in einer traditionellen Praxis und vielen Seminaren offline.

So sass ich eines Tages auf meinem Sofa zu Hause, in der Vorbereitung zu einem weiteren Seminar offline und meine innere Stimme hat mir zugeflüstert.

Am liebsten vom Sofa aus arbeiten….. Mir kamen natürlich allerlei Gedanken, wieso das nicht gehen sollte und wie das überhaupt gehen sollte.

Das war vor 3 Jahren….da habe ich diese Entscheidung getroffen online zu gehen.

Alles losgelassen, um meine spirituelle Begleitung für Weiblichkeit, Business aus der Seelenführung und Körper-Naturzugang online anzubieten.

Die letzten 2 Jahre bin ich rund um die Welt gereist und Kunden von überall aus begleiten können. Ich verdiene mein Geld nicht, weil ich muss, sondern weil ich Fülle lebe und es in einem natürlichen Kreislauf der Lebensfreude eingebunden ist. Dies ist mein natürlicher Alltag, den ich meinen beiden Kindern weitergebe, wie auch meinen Kunden.

Ich liebe dieses Leben aus der weiblichen Schöpferkraft und kreire mir meinen Tag nach meinem Rhythmus. Ich wirke in und mit der Natur. Jetzt gerade schreibe ich unter einem kraftvollen Baum am See. Der Wind bläst mir durchs Haar und das plätschern des Wassers fliessend mit meinem Flow verbunden.

Ich wünsche dir von Herzen, dass du dich von deinem Herzen, deiner Seele und deiner weisen Anbindung in dir führen lässt.

Deine weise Göttin fühlt diese tiefe Verbindung zur Wahrheit deines Lebensplanes und gleichzeitig der Verbindung zum grossen Ganzen. Lausche, empfange und folge deinem Impulsen.

Love Bettina Bornatico

www.bettinabornatico.love

Maren und Achim

Wir sind Achim und Maren Frommeyer aus Osnabrück. (Jahrgang 62 und 66).

Reisen ist unsere Leidenschaft!!

Uns haben 30 Tage Urlaub nicht gereicht. Daher haben wir nach Lösungen gesucht, wie wir flexibler sein können und dennoch eine finanzielle Sicherheit für Reisen und Lebensqualität vereinbaren können. Ich war 30 Jahre Führungskraft in der Finanzbranche und Achim war als Key Account Manager im Vertrieb.

Vor 11 Jahren haben wir dann von einer Freundin aus der Reisebranche eine Möglichkeit kennengelernt, wie wir uns nebenberuflich ein 2. Einkommen und eine Selbständigkeit ohne Verkauf, ohne Investition und mit flexibler Zeiteinteilung aufbauen können. Seit 6 Jahren genießen wir jetzt genau diese Freiheit und können unsere Tätigkeit mit sehr wenig Zeitaufwand von überall aus ausüben. Was haben wir gemacht? Wir sind im Grunde genommen nur Kunde von einem internationalen Unternehmen geworden und verbrauchen deren (wirklich sehr guten) Prämienprodukte mit

Begeisterung selbst (Verbrauchernetzwerk). Dieses Unternehmen gibt kein Geld für Werbung aus, sondern zahlt den eigenen Kunden das gesparte Geld für Weiterempfehlung in Form eines Bonus zurück. Wir empfehlen das einzigartige Konzept, wie Menschen sich ein Einkommen aufbauen und nicht, wie sie Geld ausgeben oder Produktverkäufer werden.

Unsere „Arbeit" besteht daraus, dass wir Menschen international dabei unterstützen und unsere Erfahrungen weiter geben, damit auch sie erfolgreich werden können und ihre eigenen Wunschvorstellungen Ihres Lebens leben können. Das geht per Telefon, Zoom, Mail und auch persönlich. Wie und wo jeder individuell lebt, ist völlig irrelevant.

Es ist so einfach, weil es unterstützende Bücher gibt, in denen alle wertvollen Tipps der letzten 20 Jahre zur Verfügung stehen.
Warum wissen das nicht alle? Oder warum macht es nicht Jeder?
Erst mal muss man von so einem genialen Konzept wissen, dass es das gibt. (Erinnerung: Das Unternehmen gibt kein Geld für teure Werbung aus) Daher erfährt man das nur, wenn jemand der es macht,

andern davon erzählt. Wer dann offen ist und einen Grund hat, etwas im Leben zu verändern wird fragen. Menschen, die zufrieden sind, haben keinen Grund für Veränderungen und erzählen das auch nicht weiter.

Was uns begeistert hat, das wir es mit wenig Zeitaufwand und ohne übliche Investitionen beginnen konnten.

Ist es nicht genau das, wonach so viele Menschen und Paare streben? Zeit für die zwischenmenschlichen Beziehungen oder Hobby's zu haben? Zeit, sich um die eigene Fitness zu kümmern, um gesund älter zu werden? Wir haben die Erfahrung gemacht, dass unsere Beziehung durch die gemeinsamen Ziele und die gemeinsame Zusammenarbeit zusätzlich einen besonderen Wert erhalten hat. Es hat uns viel gelassener und glücklicher gemacht. Jeder bringt seine Talente und Stärken mit ein, was eine Bereicherung ist. Unsere Aufgaben bestehen heute darin, einfach nur mit Menschen zu sprechen, um sie zu informieren und die zu unterstützen, die wollen.

Wir freuen uns jetzt auf die Zeit, dass wir mit unserem künftigen Wohnmobil noch flexibler sind. Wir verbinden unsere Reisen mit Besuchen bei unseren Freunden und Partnern und können dabei gemeinsame Zeit verbringen.

Unser Tipp: Sei einfach offen für die Chancen, die dir das Leben vor die Füße wirft! Sie können Dein Leben zum Positiven verändern. Und wenn du etwas verändern möchtest, um mehr Leichtigkeit, ein passives Einkommen und mehr Lebensqualität haben möchtest, dann könnte dies eine Lösung sein. Triff eine Entscheidung und visualisiere Dein Ziel. Wir arbeiten im Team und keiner wird allein gelassen.

Herzliche Grüße von Maren und Achim Frommeyer aus Osnabrück, mail@frommeyer.de

Mareike und Nadir

Wir, von flokisdiscoveries, arbeiten momentan beide noch nicht ortsunabhängig, können es uns aber sehr gut vorstellen, insofern die Familienplanung in ein paar Jahren abgeschlossen ist und die Kinder so weit sind, dass sie ihren eigenen Weg gehen können. Kinder haben wir bisher noch keine, sind aber in den kommenden Jahren geplant. Ich selbst bin im operativen Einkauf eines mittelständischen Unternehmens tätig, mein Lebensgefährte arbeitet bei einer Krankenversicherung im Kundenservice. Beide Arbeitgeber bieten uns jetzt schon die Möglichkeit einige Tage in der Woche im Homeoffice zu verbringen. Aktuell sieht unser Alltag wohl wie bei den meisten berufstätigen Paaren aus, morgens früh aus dem Haus und am Abend nach Feierabend noch kurz zusammen essen, über den Tag reden und anschließend schlafen, bis am nächsten Morgen der Ablauf von vorne beginnt. Besonders reizvoll an der Verbindung "Reisen&Arbeiten" wäre für uns, tagtäglich an einem neuen Ort aufzuwachen aber trotzdem seine Gewohnheiten (hier die Arbeit) sofort an Ort und Stelle zur Verfügung zu haben. Beim Reisen & Arbeiten, kann man unserer Meinung nach freier und konzentrierter arbeiten. Man ist in einer Umgebung, in der man sich wohl fühlt (ansonsten geht es weiter an einen anderen Ort). Man entflieht dem Lärm und der teilweisen stressigen Stimmung im Großraumbüro. Diese Gelassenheit und innere Zufriedenheit würde sich sicher auch positiv auf die Gespräche mit Kunden und Lieferanten auswirken. Generell stehen die Leute weniger unter direkter Beobachtung und dadurch kann so freier gehandelt und agiert werden. Ein weiterer Vorteil sind die dann bestenfalls nicht vorgegebenen Pausenzeiten, d.h. man macht seine Pause wenn man sie wirklich benötigt und nicht weil es der Dienstplan so vorschreibt. Neben all diesen Vorteilen, darf das Privatleben und die Beziehung allerdings nicht auf der Strecke bleiben. Durch das ständige Reisen, wird Urlaub nicht mehr als Urlaub erlebt und auch durch die ständige Erreichbarkeit, rückt die Erholung in den Hintergrund. Da man in einer freien Minute doch mal gern die ein oder andere berufliche Mail checkt und dann letztendlich mehr Zeit investiert, als ursprünglich geplant. Diese neue Lebensart wäre anfangs sicher eine Umstellung und auch eine Art Bewährungsprobe für die Beziehung, denn wenn beide Partner vom bspw. Wohnmobil aus arbeiten, leidet automatisch /

zwangsläufig die Privatsphäre des Individuums, allein schon aus Platzgründen. Unser Meinung nach sollte man schon einige Jahre mit seinem/seiner Partner/in zusammenleben und sich über die Vor- und Nachteile bewusst sein, bevor man einen solchen Schritt wagt, da ansonsten ganz schnell das Privat-und Berufsleben darunter leidet.

Folgt gerne Mareike und Nadir bei Instagram unter flokisdiscoveries

Regine und Karl-Ludwig

Auf Reisen arbeiten – unser Traum ging in Erfüllung!

Regine (52) und Karl-Ludwig Grosch (60), Wohnadresse im Schwarzwald und dort, wo wir gerade sind ☺

Wenn andere vom „Hausbau" erzählten, erzählten wir vom „Wohnmobilkauf" und erfüllten uns unseren Traum im August 2018. Seitdem reisen wir so oft wir können und arbeiten gemeinsam vom Wohnmobil aus. Alles, was wir brauchen, ist eine gute WLAN Verbindung und unsere Laptops. Mein Mann macht SEO (Suchmaschinenoptimierung für Webseiten) und betreut seine Kunden telefonisch und per Email. Für ihn gibt es nichts Schöneres, als sich nach dem Frühstück an seinen Laptop zu setzen und mit der Aussicht auf Meer, Berge oder einen See zu „arbeiten".

Ich habe mir in den letzten 18 Jahren mit Unterstützung meines Mannes einen Strukturvertrieb im Bereich Kosmetik aufgebaut und betreue meine Beraterinnen und Kunden ebenfalls telefonisch, per Email und heutzutage natürlich auch per WhatsApp. Die Kosmetikbestellungen, die von den Kunden in verschiedenen Kanälen eingehen, werden von mir im

Liegestuhl bearbeitet, Rechnungen werden online geschrieben und bei uns zu Hause sitzt eine „gute Seele", die sich um die eingehende Post kümmert und die Ware an die Kunden versendet.

Unsere Kunden wissen nicht oder selten, wo wir uns gerade befinden und wir genießen es sehr, nach der „Arbeit" die Gegend auf unseren E-Bikes zu erkunden, am Strand in der Sonne zu liegen oder durch die jeweilige Stadt zu bummeln. Gutes Essen, nette Gespräche auf den Wohnmobilplätzen, ein entspanntes Glas Wein beim Sonnenuntergang genießen gehören natürlich auch zu unserem Leben. Und sollte es uns irgendwo einmal nicht gefallen, fahren wir einfach woanders hin, denn wir haben unser „Haus" ja immer dabei ☺

Unser Traum ist es, ganz bald einmal 6 Monate oder länger die Küsten Europas „abzufahren" und noch mehr von der Welt zu sehen. Momentan ist es so, dass unsere erwachsenen Kinder und meine Mutter sich unsere Anwesenheit wenigstens ab und zu wünschen und auch unsere Freunde und der Rest der Familie sich freuen, wenn wir mal zu Hause sind und wir uns gegenseitig besuchen können. Auch wir genießen diese

Zeit zu Hause und freuen uns doch ganz schnell wieder auf unsere nächste Reise ☺

Wir kennen viele Menschen, die immer gesagt haben, was sie alles erleben und bereisen wollen, wenn sie in Rente sind, konnten dies aber dann durch Krankheit oder gar Tod nicht mehr umsetzen. Das wollen wir nicht, wir warten nicht auf die Rente, denn wer weiß, was bis dahin alles passiert? Wir leben im hier und jetzt, machen das Beste aus unserem Leben und genießen es, wie es ist! Unser Umfeld hat nicht immer nur positiv auf unsere Reisen reagiert, ich denke, es ist bei dem einen oder anderen eine große Portion Neid dabei, aber das stört uns nicht weiter, denn wir leben unser Leben so, wie es uns gefällt und lassen uns die Freude daran von nichts und niemandem nehmen!

BEST TIPP: Vor dem Kauf eines Wohnmobils unbedingt das gewünschte Auto mieten und ausprobieren! Wir haben vier verschiedene Modelle „gemietet" und sind damit in den Urlaub gefahren, bis wir uns schließlich zum Kauf für unsere „Emma", Carado T449 mit Queensbett entschieden haben und damit sehr glücklich und zufrieden sind!

www.ds-kosmetik-wellness.de

Andrea Nielbock

„Was nützt die Freiheit des Denkens, wenn sie nicht zur Freiheit des Handelns führt." Jonathan Swift sagte das bereits im 17. Jahrhundert.

Von meiner Idee im Kopf, nach 20 Jahren erneut ein Wohnmobil fahren zu wollen, war der Weg verhältnismäßig kurz. Erst später reifte der Gedanke, ortsunabhängig von überall arbeiten zu können.

Für mich ist bereits im Jahr 2010 eine neue Ära angebrochen. Zu diesem Zeitpunkt betreiben mein Mann und ich schon mehrere Jahre die Einhornhöhle im Südharz. Ich arbeite viel zu viel und achte zu wenig auf mich und meine Bedürfnisse. In dem Jahr habe ich das erste Mal die wohltuende Wirkung von Klangschalen erfahren, die bis heute eine bedeutende Rolle in meinem Leben spielen. In mir entsteht mehr und mehr das Bewusstsein, das ich wie ein Hamster im Rad unterwegs bin. Es war ein langer Weg bis heute, das Rad nur noch zur Belustigung einzusetzen. Das Bedürfnis in mir, an schönen Orten zu sein, ganz nah an der Natur und auch als Teil des Ganzen zu sein ist einfach unbeschreiblich wohltuend für mich. Jeder Tag beginnt für mich im Wasser. Egal zu welcher Jahreszeit, egal welche Temperatur das Thermometer anzeigt, und wenn der Aggregatzustand es nicht zulässt, dann hau ich mir ein Loch ins Eis und gehe ins Wasser. Mein Luxus unterwegs am Wohnmobil ist meine Außendusche mit kaltem Wasser. Ja ok, gibt auch warmes Wasser, aber das brauche ich nie.

Woher kommt nun dieses starke Gefühl, unterwegs zu sein, mich frei zu fühlen? Das ist eine längere Geschichte, die ihren Ursprung in einem Land vor unserer Zeit hat, der damaligen DDR. Ich fühlte mich eingesperrt und habe das im Sommer 89 mit Kind und Rucksack geändert. Mein heutiges Umfeld reagiert auf mein Lebensgefühl erstaunt. Mein Mann schüttelt manchmal noch den Kopf, akzeptiert jedoch inzwischen, dass ich auch gern allein unterwegs bin. Nur wenn ich zu einsam in freier „Wildnis" übernachte, reagiert er etwas beunruhigt. Alleinsein bringt mich mehr zu mir, ich bin auf mich allein gestellt, für mich verantwortlich. Das macht einfach was mit mir. Ich finde, das sollte jeder einmal ausprobieren.

Mein Ziel ist es, gestresste Menschen auf ihrem Weg in eine neue Gelassenheit zu begleiten, eine Auszeit zu nehmen, am Wasser, auf dem Wasser, im Wald. Sich selbst zu reflektieren: "wo stehe ich?" Überhaupt erst einmal bei sich ankommen und in diesem Zustand wahrnehmen „Wie kann ich besser für mich sorgen?" Eigene Bedürfnisse spüren, dazu braucht es Stille und innere Ruhe. Davon bin ich aus tiefstem Herzen überzeugt. QiGong ist eine bewegte Meditation die mich in eine Körperwahrnehmung bringt, aus der ich Kraft schöpfen und meine Akkus wieder aufladen kann. Und genau das wird auch meinen Kunden zu Teil, wenn sie zu mir kommen. Als Trainerin für Stressmanagement, Entspannung und Achtsamkeit biete ich rAuszeiten vom Alltag an. Hier liegt der Fokus ganz auf dem SEIN. An besonderen Orten in der Natur halten wir inne, schöpfen Kraft und bereiten uns darauf vor, das SEIN nachhaltig mit in den Alltag zu nehmen.

Mein Tipp für dich: Träumen ist toll, Wünsche sind super, nur aus HÄTTE, KÖNNTE und WOLLTE allein wird kein erfülltes Leben...EINFACH MACHEN.

andrea@nielbock.de

Marcel und Martina

Ja, gar nicht so einfach, zu beschreiben, was uns ausmacht und warum uns gefällt was wir tun, denn eigentlich leben wir unser „normales" Leben. Wir, Marcel (42) und Martina (35), seit 10 Jahren ein Paar, haben vor 1,5 Jahren unser Reihenhäuschen im Schwabenländle verkauft und sind seitdem mit dem Wohnmobil immer 8 Wochen am Stück unterwegs. Danach sind wir eine Woche in unserer 52qm großen Wohnung, in einer eigentlich tollen Umgebung am Rande des Fichtelgebirges, um unsere Wäsche zu waschen und das Büro wieder auf Vordermann zu bringen. Liebevoll bezeichnen wir die Wohnung nur als „Waschsalon". Wir können es kaum erwarten dann schnellstmöglich mit unserem Wohnmobil „Schorsch" wieder los zu kommen. Wir sind hauptsächlich in Deutschland und Österreich unterwegs. Das liegt daran, dass wir selbstständig als Handelsvertretung im Bereich Bau und Vermessung arbeiten. Die Branche ist unser Glück, denn so können wir, wenn im Winter in Deutschland der Bau ruht, auch mal ein paar Wochen in südliche Gefilde abwandern und da unseren Urlaub genießen. Griechenland ist bereits zu einem beliebten Rückzugsort geworden. Aber selbst dort sind wir ständig für unsere Kunden erreichbar. Das ist eben das Los der Selbstständigkeit. Das ist auch ein wichtiger Punkt, wenn man sich für das Leben im Wohnmobil entscheidet. Es gibt keine Bürotür die man schließen kann. Man kann Arbeit und Freizeit nie trennen und muss damit umgehen können. Dafür würden wir es nicht mehr missen wollen, als Paar 24/7 zu leben. Wir sind in dieser Zeit in der wir im Wohnmobil leben zu einem noch perfekteren Team gewachsen. Jeder hat seine Aufgaben und trotzdem machen wir alles zusammen. Keiner von uns benötigt, anders wie uns von den meisten in der Planungsphase vorhergesagt, mal eine Stunde für sich alleine. Wir brauchen nicht die berühmte Türe die man hinter sich schließen kann. Wir genießen jeden Tag: Die Regionen Deutschlands zu entdecken und immer wieder neue interessante Nachbarn und Kunden kennenzulernen.

Wer mehr über uns erfahren möchte, kann uns bei Instagram finden: @schorsch on the road

<u>Mandy & Sten</u>

Weil glücklich auch einfach geht

„Wir hätten auch gern so viel Urlaub wie ihr.", „Gefühlt seid ihr ständig im Urlaub, wie macht ihr das?"... Das sind Aussagen und Fragen mit denen wir sehr häufig konfrontiert werden. Wie wir es schaffen, Reisen und FulltimeJob unter einen Hut zu bekommen, möchten wir euch in diesem Gastbeitrag erzählen.

Wir bezeichnen uns selbst als Teilzeit-Weltreisende. Wir leben und arbeiten in Dresden und lieben es, gemeinsam die Welt zu entdecken. Unsere freie Zeit verbringen wir am Liebsten zusammen auf Reisen und bei Ausflügen in der Natur. Unsere 40h-Jobs müssen wir dafür nicht aufgeben, genauso wenig wie unsere Wohnbasis in Dresden oder unsere Liebe zu unserer Heimat, der Sächsischen Schweiz und unserer Familie.

Das Leben geniessen

Jeder hat andere Hobbys und investiert seine Freizeit und Ersparnisse für Dinge, die ihm Spaß machen. Bei uns ist es das Reisen. Beim Erkunden von neuen Regionen können wir perfekt abschalten und die Zeit vergessen. Wir lassen uns treiben, genießen jeden

Moment und schöpfen frische Energie für die nächste Arbeitswoche. Da fühlt sich ein Wochenende viel länger an, als eins ohne richtige Pläne, ausgenommen dem wöchentlichen Haushaltsputz. Diesen erledigen wir als Team immer donnerstags nach dem Feierabend.

Unterwegs zu sein ohne Verpflichtungen fühlt sich für uns richtig an. Unseren Urlaub planen wir um Feier- und Brückentage. Zudem haben wir das Glück, dass wir uns einmal im Jahr drei bis vier Wochen am Stück freinehmen können. Ein Luxus, der nicht bei jedem Arbeitgeber möglich ist und für den wir sehr dankbar sind. Überstunden können wir in Absatztage umwandeln und somit das Wochenende verlängern.

Unser Jackpot: Wir leben inmitten einer der schönsten Landschaften Deutschland. Hier beginnt der Urlaub bereits beim Verlassen der Haustür. Egal ob wir in unserer Heimat der Sächsischen Schweiz wandern gehen, durch die Weinberge im Sächsischen Elbland spazieren... es gibt einfach so viele schöne Erholungsecken in unserem nächsten Umfeld, dass unsere Ausflüge meist nur mit einer kurzen Anreise verbunden sind. Herrlich!

Zufrieden mit den kleinen Dingen

Konsum ist uns weniger wichtig - das neueste Smartphone, die teuerste Uhr sind für uns keine Statussymbole mit denen wir uns besser fühlen. Wir schätzen lieber die kleinen Dinge des Lebens, die einfach aber praktisch sind. Viel bedeutsamer sind die gemeinsamen Geschichten, die uns keiner mehr nehmen kann. Gerade im bevorstehenden Lebensabschnitt mit Baby wollen wir nicht auf unseren bisherigen Lebensstil verzichten, sondern diesen gemeinsam weiterentwickeln. Bald werden wir zu Dritt die Welt mit anderen Augen sehen und unsere Erlebnisse mit unserem kleinen Glück teilen. Dafür haben wir uns einen Van angeschafft, in dem wir zu Dritt auf Tour gehen und auch die ein oder andere Nacht verbringen können.

Immer mit Abenteuerlust im Gepäck reisen wir durchs Leben. Positive Energie, egal in welcher noch so schwierigen Situation, zeichnet uns aus. Unsere Weltgeniesser-Formel ist ganz einfach: die innere Einstellung muss stimmen. Zeit und Geld effektiv nutzen - dann klappt es auch mit dem Glücklichsein - als Individuum, (Ehe-)Paar und Familie. DieWeltgeniesser - Mandy & Sten Nahbar und ehrlich nehmen wir jeden

Weltgeniesser gern auf unsere Reisen mit, der das Leben geniessen möchte.

Mandy und Sten Eibenstein

Folgt uns gern auf Instagram „DieWeltgeniesser" oder am Blog www.dieweltgeniesser.de

<u>Iris Hoyer</u>

Die Liebe zu anderen Ländern, zu Sonne, Meer, Natur, wurde mir bereits in meiner Kindheit eröffnet. Eine meiner Tanten war mit einem Italiener verheiratet, der Cousin meines Vaters lebte im Allgäu und die Hebamme meiner Mutter hatte ein Haus in Südspanien. So kam ich früh in den Genuss, die Sommer in Süditalien, im Allgäu oder Südspanien zu verbringen. Ich liebte es sehr.

Als ich mich im Jahr 2000 von meinem damaligen Mann trennte und mich mit 2 kleinen Kindern selbstständig machte, waren meine Gedanken überwiegend darauf ausgerichtet meine Kinder gut ins Leben zu begleiten und andere Menschen mit Energiearbeit zu unterstützen. An Reisen in ferne Länder war vorerst nicht zu denken.

Mehrere Jahre vergingen, bis ich wieder die Möglichkeit hatte, ins warme Ausland zu fliegen. Da erst wurde mir so richtig bewusst, wie sehr ich das Reisen, andere Länder, das Meer, die verschiedenen Speisen, andere Kulturen etc. vermisste.

Ich traf eine Entscheidung. Ich wollte meine Liebe zum Reisen mit meinem Beruf verbinden. Das war der Startschuss für nun bereits 12 Auslandsseminare/ Retreats in verschiedenen Ländern, wie Fuerteventura, Hawaii, KOS, Korfu, Kreta.

Nachdem ich die Entscheidung getroffen hatte, ergab sich mein 1. Auslandsseminar beinahe wie von selbst. Mein Partner und ich hatten eine Ägyptenreise geplant. Doch 1 Woche vor Reisebeginn wurde uns die Reise aufgrund der Unruhen in Ägypten abgesagt und dafür eine Umbuchung nach Fuerteventura angeboten. Nachdem mir ein Taxifahrer direkt 3 Tage zuvor von Fuerteventura vorgeschwärmt hatte, folgte ich meiner Intuition und wir buchten sofort nach Fuerteventura um.

Kaum Zuhause wieder angekommen, erzählte mir meine innere Stimme, dass ich wieder nach Fuerteventura reisen soll und das so schnell als möglich, um dann das Hotel für mein 1. Auslandsseminar auszusuchen.

Gedacht, getan, die Entscheidung war ja bereits getroffen. Meine Reisefachfrau stellte für mich den Kontakt zu verschiedenen Hotels her, damit ich mir die

Hotelanlagen und deren Seminarräume anschauen kann.

Direkt beim 1. Hotelbesuch erzählte mir die Eventmitarbeiterin, dass ihr früherer Chef immer wieder erwähnte, dass Energetische Coaches wie ich, unbedingt auch in die Sport- und Businesshotelanlagen kommen sollten. Selbstverständlich lies ich mir auch hier den Kontakt vermitteln und wir konnten wenige Tage später mit ihrem früheren Chef ein gemeinsames Abendessen genießen.

Dieser erwähnte ganz nebenbei, dass er wiederum 2 Monate später, eine kleine Hotelanlage an der Costa Calma übernehmen würde. Meine Augen leuchteten, denn es war eines der Hotels, die mir meine Reisefrau auf meine Besuchsliste gesetzt hatte. So fand mein 1. Auslandsseminar auf Fuerteventura statt. Anfangs waren es nur 5 Teilnehmer und ich war etwas in Sorge, ob es sich finanziell lohnt. Das erste Mal lohnte es sich nicht, ich hatte sogar wesentlich mehr Kosten als Einnahmen. Ich war unerfahren, doch das hat sich ziemlich rasch geändert. Zwischenzeitlich weiß ich, auf was ich achten muß, was auf mich zukommen kann bzw. dass es immer auch Unvorhergesehenes gibt.

Doch immer war und ist es ein absoluter Mehrwert, wenn ich an verschiedenen Orten / Ländern leben und arbeiten kann.

Zwischenzeitlich bleibe ich noch einige Zeit länger im jeweiligen Hotel und teile meinen Tag so ein, dass ich das Hotel, die Umgebung etc. gut genießen kann und ca. 3-4 Stunden täglich online arbeite. Entweder führe ich Energetische Coachings, leite Online-Workshops oder arbeite neue Produkte aus.

Ich genieße diese Möglichkeiten von ganzem Herzen.

Doch es war nicht immer einfach. Die ersten Jahre warf mir mein Exmann ziemliche Steine in den Weg, er ging sogar zum Anwalt und wollte mir verbieten, dass ich im Ausland arbeiten kann. Doch davon wurde ihm von seinem Anwalt dann doch abgeraten. Auch meine Eltern waren anfangs nicht sehr angetan, dass ich ca. 3 Mal jährlich im Ausland arbeite. Es wurde mir von verschiedenen Leuten vorgeworfen, dass ich meine Kinder vernachlässigen würde. Ich war anfänglich immer nur 1-2 Wochen im Ausland und die Kinder waren in dieser Zeit bei ihrem Vater. Meine Kinder und ich haben bis heute (Beide wohnen schon einige Zeit in eigenen Wohnungen) ein sehr vertrautes und inniges

Verhältnis. Mein Sohn meinte vor wenigen Wochen sogar, dass er total stolz auf mich ist, da ich auch im Ausland arbeite

Heute weiß ich, wenn ich eine Entscheidung treffe, zeigt sich der Weg Schritt für Schritt. Ich bin immer geführt und geschützt Es lohnt sich und ich liebe es von Herzen.

Alles Liebe

Iris Hoyer

Spirituelle Mentorin, Energetischer Coach, Ausbildungsleiterin, Transformations-Channel-Medium, Autorin. Hier bin ich zu finden:

https://www.iris-hoyer.de/

Mathias und Nici

Nach 18 Monaten Reisen und Business hatte ich das erste Mal wieder entspannte Nerven. 18 Monate fast täglich den Kontostand beobachten, bangen, hoffen, Notfallpläne aushecken. Und doch bereue ich keine Minute.Im Juni 2017 beschlossen meine Frau Nicole und ich, dass wir endlich reisen werden. Das wollten wir schon immer. Aber um ehrlich zu sein: Wir haben es uns nie getraut. Nach der Schule nicht. Während des Grundstudiums nicht. Okay, im Master-Studiengang waren wir ein Semester lang in Polen. Aber das ist es dann auch gewesen. Im Jahr 2017waren die Startbedingungen bedeutend schlechter als 10 Jahre davor: Wir hatten inzwischen 2 Kinder, eins davon in der Schule. Wir waren tief im Dispo. Aber wir sagten uns: Was soll's. Wir machen's. Leb deinen Traum und so.Mit der Entscheidung begann ich auch mit dem Aufbau meines Beratungs-Businesses für Paare. Das hieß von 0 auf Ausbildung, Website-Aufbau, Angebots-Aufbau, Online-Präsenz. Das alles tat ich neben den WorknTravel-Jobs, wir konnten uns ja keine Wohnung leisten unterwegs. Vormittags auf dem Erdbeerfeld, nachmittags Websitebau, Abends Webinar. Zeitsprung ins Jahr 2020. Inzwischen haben wir eine klare

Arbeitsteilung etabliert: Nici kümmert sich überragend talentiert und empathisch um die Ausbildung der Mädchen und engagiert sich mehr und mehr im Business. Ich arbeite inzwischen Full-Time, der Rest von Haushalt und ToDos auf Reisen wird sich geteilt. Das ist anspruchsvoll, weil wir beide in den Sozialen Medien, auf der Website und in der Beratung unserer wundervollen Paare kein klapperndes Blechproduzieren möchten. Content, den wir veröffentlichen, muss inhaltlich oder künstlerisch Substanz haben. Paare, die ich begleite, sollen das erreichen, was sie sich wünschen: Klarheit, Orientierung, Weiterentwicklung, Liebe. Inzwischen geht die Saat auf, die wir vor 18 Monaten gelegt haben. Es läuft und es ist wundervoll. Und je mehr Nici mit einsteigt, desto mehr lässt sich sagen: DER BRUNNEN DEINER SEELE ist ein Familienunternehmen. Wir verwirklichen das, was uns in unseremLeben als Paar, als Eltern und als Paarberater wichtig ist: Alles zu integrieren, was das Menschsein ausmacht. Das schöne. Das schlechte. Die Angst. Die Wut. Die Freude. Die Liebe. Das geht für uns am besten mit diesem Lebenskonzept, das wir Stück für Stück weiter verwirklichen. Und es ist Erfüllung. Zumindest für uns vier. www.brunnendeinerseele.de

Anja-Dorothee Schacht

Mein Travel-Office: Inspiration und Lebenselixier

Erste Sonnenstrahlen, die mich wecken. Frische Morgenluft und der Blick über das strahlend blaue Meer oder die alpine Bergwelt weckt alle Sinne. Ein Schritt bis zur Tür, meine mobileAgentur einen Handgriff entfernt. So schön kann arbeiten sein. Reisen war lebenslang Abenteuer und Inspiration für mich. Das mit meiner Arbeit zu verbinden, ist immer wieder wie ein Hauptgewinn. Das Leben im Wohnmobil verlangt generell straffe Organisation und viel Rücksichtnahme, zumindest, wenn man nicht als Single reist. Die Natur ist bei gutem Wetter Wohn- und Arbeitszimmer, bei Regen kann es auch ein Caféhaus sein! Morgens ist für mich die beste Arbeitszeit und die gleichzeitige Auszeit von der Familie. Ruhe statt Hektik machen meinen Gedankenfluss geschmeidig. Die besten Kampagnen-Ideen entstehen genau dann. Seit über 30 Jahren arbeite ich in der Kreativbranche. Als Designerin und Markenmacherin ist es wichtig, sich immer wieder neu zu justieren, Trends früh zu entdecken und gleichermaßen geerdet zu sein. Ich helfe Unternehmen, Menschen und Marken, ihre

Produkte und Werte sichtbar zu machen und erfolgreich zu kommunizieren. Mit Macbook, Smartphone und Tablet ist alles Wichtige an Bord. FreeWiFi gibt es fast überall – oder einen Hotspot vom eigenen Handy. Damit steht die Verbindung zu meinem Team und zu den Kunden. Besonders wichtig ist die optimale Abstimmung und Terminierung. Ich muss auch in der Ferne greifbar und verlässlich sein. So sage ich fest zu, wann und wieich erreichbar bin und halte Timings ein. Mit Videokonferenzen ist die Kommunikation von unterwegs kein Problem. Sprachnachrichten mögen nicht alle meine Kunden – darum werden die Kommunikationswege vorher genau abgestimmt. Klappt mal ein virtuelles Meeting nicht, ist es wichtig, Ruhe zu bewahren. Für mich unverzichtbar: Notizbuch und Watercolor, dazu mein Kamera-Equipment. Das muss funktionieren, also wird es vor der Reise gecheckt. Auch wichtig: Powerbank und genügend Ladekabel! Neben Großstädten mit Flair, Shoppingmalls oder historischen Plätzen, liebe ich die Natur und die noch nicht ausgetretenen Pfade. Dort finde ich die Orte, an denen es sich am besten denken lässt. Ob unterwegs im Wohnmobil, zu Wasser oder einem Appartement - ich bin immer auf der Suche nach dem Unentdeckten, Überraschenden. Das führt mich (und meine Familie, wenn sie dabei ist), stets zu den unvergesslichen Plätzen. Die Steilküste in St. Bees mit Blick auf die Isle of Man mit dem Wohnmobil im Lake District. Oder im „Devils Garden", einem sehr kleinen, abgelegenen Stellplatz für Wohnmobile innerhalb des Arches Nationalparks, mit unglaublichem Sternenhimmel.Die aber wohl schönste Zeit ist und bleibt für meinen Mann undmich Costa Rica. Bereits am Flughafen lernten wir ein österreichisches Ehepaar kennen, das dorthin ausgewandert war. Wir durften sie auf ihrer Finca inmitten einer Kaffeeplantage besuchen und genossen die Zeit dort sehr. DasHighlight: ein Bad in einer warmen Quelle irgendwo im nirgendwo. Es gibt keine Zufälle. Seit der Zeit habe ich einen Kunden, der im Kaffeehandel weltweit an der Spitze steht. Gemeinsam mit meinem Team wurde das weltweite Corporate Design entwickelt und eingeführt. Dafür bin ich dankbar. Diese besonderen Erlebnisse sind mein Auftanken und meine Glücksmomente, die mich über Wochen und Monate fit machen - für die kreative Arbeit unterwegs im Wohnmobil, ebenso wie am Schreibtisch in Hamburg. Der Joker ist oft mein handwerklich und technisch genialer Mann. Der bleibt jederzeit cool und gibt Sicherheit. Dazu kommt mein Sohn, der sich auf Drohnenflüge spezialisiert hat. So erlebe ich unterwegs auch immer wieder tolles Teamwork!

Vier Tipps von mir:

+ Der ADAC Stellplatzführer für individuelle Plätze in Europa

+ Mit Datenvolumen, Cloudspeicher oder eigenem Server und externen Festplatten arbeiten

+ Die digitale Adressdatenbank auf allen Geräten synchronisieren

+ Original italienische Espressomaschine für täglich frischen Kaffee

Anja-Dorothee Schacht, werbe.art.kontor® Hamburg

Das Designbüro werbe.art.kontor und die Arbeiten sind mit internationalen Designpreisen ausgezeichnet, digital und crossmedial.

www.werbeartkontor.de

Damaris Aulinger

Es war der Freiheitsgedanke, die Unabhängigkeit, der starke Wunsch unterwegs zu sein, Nachhaltigkeit und umweltbewusst leben und vor allem der Minimalismus. Viel zu viel Kram sammelt sich mit den Jahren an. Es tat so gut alles auszusortieren – mein ganzes Hab und Gut steckt in meinem Van und ich vermisse kein bisschen von dem, was vorher da war.

Allerdings habe ich schnell spüren dürfen, was es heißt vollkommen entwurzelt zu sein. Ohne Wohnung, ohne Ankerplatz – ja, ohne zu wissen, wo ich hingehöre. Das ist ein riesiger Punkt, der mich heute manches nicht mehr so entscheiden lassen würde, wie ich es getan habe.

In jungen Jahren ist das etwas völlig anderes. Mit Partner*in ist es ein ganz anderes Leben und mit Homebase ist es eine angenehme Unterbrechung.

Viele reisen wegen des Gefühls ständig Urlaub zu haben, aber ich möchte das nicht mehr so nennen, da ich dann ganz schnell nicht mehr dieses sagenhafte Gefühl von „Urlaub haben" spüren kann.

Ich arbeite gern in meinem Van. Am liebsten auf einem Stellplatz bzw. Campingplatz in der Nebensaison, denn auch das „in Ruhe und fokussiert arbeiten" will im Camper gelernt sein - vor allem mit Hund.

Es zu tun, wenn ich die nötige Ruhe habe, bedingt auf jeden Fall ein gutes stabiles Internet, was mancherorts in Deutschland noch eine Herausforderung ist, aber mit mobilem Router, einem Anbieter, der doch ganz gut abdeckt und Antenne, habe ich sogar während Corona 6 Wochen im Wald gut über die Bühne gebracht.

Ich bin seit 1999 nebenberuflich selbstständig im körpertherapeutischen Bereich. In dieser Zeit habe ich meine eigene Methode entwickelt, die ich seit vielen Jahren auch lehre – in Workshops und einer Ausbildung. Das mache ich seit 4 Jahren nun online. Um mir selbst mehr Struktur zu geben, biete ich außerdem Kolleg*innen meine Unterstützung bei der Erstellung von Webseiten, Mitgliederbereichen, Videoschnitt etc. an.

Nachdem ich davon sehr gut leben kann, habe ich mit dem Auszug meiner Kinder, beschlossen, den Schritt zu wagen und lebe seitdem dauerhaft in einem umgebauten Rettungswagen.

Ohne meinen Hund wäre der Alltag im Van nicht so klar, wie er ist – und gut tut. Morgens gehen wir länger spazieren, dann gibt es Frühstück und ich arbeite konsequent bis mittags durch. Nur wenn wir zu einem anderen Platz fahren, nutze ich die Zeit zwischen 9:30 und 14:00 zum Fahren. Meist sind es kurze Strecken, die wir zurücklegen, wir haben ja Zeit und sehen möchte ich auch etwas von den unterschiedlichen Gegenden.

Mittags gehen wir nochmal raus, danach wird manchmal gekocht und am Nachmittag arbeite ich nur, wenn es dringend ist oder ich richtig Lust dazu habe. Ansonsten unternehme ich etwas, faulenze oder recherchiere für Kommendes.

Mein Ziel wechselt seitdem ich unterwegs bin immer mal wieder. Nicht nur das Reiseziel, sondern vor allem auch mein persönliches Endziel. Eines steht aber fest: Ich werde mir wieder eine Homebase suchen. Wann weiß ich noch nicht, aber wo schon relativ genau.

Ich würde jedem raten erst einmal nebenbei anzufangen mit reisen im Van. Frage dich: Kann ich das denn überhaupt, von unterwegs arbeiten? Oder brauche ich dazu besser eine gewohnte Umgebung? Die Bilder sehen gut aus, am Strand sitzen mit Laptop, aber seien wir mal ganz ehrlich: Das sind Bilder, die etwas vermitteln, das nur in wenigen Fällen funktionieren kann.

Ich kann zwar vor meinem Van und auf der Wiese arbeiten, aber an den Strand habe ich den Laptop nie mitgenommen. Da greift das, was ich oben geschrieben habe: Irgendwann kann ich nicht mehr dieses umwerfende Gefühl von Urlaub fühlen, weil es so selbstverständlich geworden ist. Also gehe ich ohne Laptop an den Strand.

Mehr zu meinem Weg kannst du auf meiner Seite https://vanwoman.de lesen.

Katharina Lüdemann

Mit dem Schweinehund auf Reisen

Die Welt könnte so schön sein! Mit dem Wohnmobil am See stehen, die Natur beobachten, zwischendurch eine Runde schwimmen und dann einfach wieder genießen. Und da ist zufällig noch die Arbeit, die dringend erledigt werden muss, während der Partner schon ungeduldig die nächste Freizeitaktivität angehen will.

Mitten zwischen Deinem Wunsch nach Erholung und Deinem Anspruch, auch unterwegs gute Arbeit zu leisten, wohnt er: Dein persönlicher Schweinehund! Die innere Stimme, die Dich bei der Arbeit anmault, dass Du dich nicht vernünftig erholst und die bei der Erholung nachdrücklich auf die liegengelassene Arbeit verweist. Ein nerviger Typ, dem Du es nie recht machen kannst. Einer, bei dem Du immer der Depp bist.

Die zentrale Frage für den Erfolg Deines Vorhabens ist: Wie kannst Du verhindern, dass der innere Schweinehund zum Zentralgestirn Deiner Wohnmobil-Erfahrung wird und dass Du dir nur noch überlegst, wo das schlechte Gewissen am wenigsten schlimm zuschlägt?

Da, wo wir keine vorgegebenen festen Regeln und Strukturen haben, brauchst Du viel Selbstverantwortung und Disziplin, um trotzdem produktiv zu sein. Und die kommt nicht von alleine, sondern will unterstützt werden. Übrigens: „Selbstverantwortung" und „Disziplin" sind die Wörter, die Dein Schweinehund überhaupt nicht hören kann!

Ein Beispiel: Wenn Du genau weißt "In zwei Stunden muss die Präsentation fertig sein, sonst geht die Welt unter!", dann ist der innere Schweinehund erstaunlich ruhig, denn Du hast keine echte Wahl (außer den Weltuntergang zu verantworten).

Wenn Du jedoch frei entscheiden kannst, in den See zum Schwimmen zu gehen oder eben nicht, oder die Präsentation heute fertig zu machen oder eben nicht, dann sieht es schon schwieriger aus. Der Schweinehund kommt eifrig aus seiner Hütte und verleitet Dich zum Schwimmengehen, aber in dem Moment, in dem Du den ersten Zeh ins Wasser setzt, kommt er schon mit der Frage nach der Präsentation um die Ecke – und bringt den Sprengsatz, der Deinen Tag versaut, angezündet mit.

Ich lese immer wieder Tipps, um den Schweinehund zu bändigen oder komplett zu verbannen - den Gegner also zu besiegen. Lasst uns das anders denken: Was passiert, wenn es gelingt, mit dem Schweinehund gemeinsame Sache zu machen?

Eigentlich hat der Schweinehund positive Ansätze, die er Dir mitgeben will – er ist nur nicht der Geschickteste in der Kommunikation.

1. Er möchte, dass Du dich nicht überanstrengst.

2. Er möchte möglichst wenig Veränderung, denn er will Dir Sicherheit geben

3. Er möchte Dich davor schützen, ein mögliches Versagen aushalten zu müssen - oder zumindest Dir schon eine Entlastung oder Mahnung auf den Weg geben. Und das schafft er am besten, indem er uns erst einmal sagt, dass für unsere Aufgaben morgen auch noch ein guter Tag ist – das nennt man Prokrastination. Blöd ist nur, dass das Morgen nie zum Heute wird. Und dass er Dir das schlechte Gewissen frei Haus mitliefert.

Wenn Du aber die Intention seiner Aufgabe kennst, kannst du dir ganz einfach deinen Schweinehund zum Freund machen. Versuch mal, die folgenden fünf Punkte mit Deinem Schweinehund zu verhandeln:

1.Kenne dein WARUM
Mach dir klar, warum Du eine Aufgabe gerade erledigst.

Muss das Projekt fertiggestellt werden, um Deine weitere Reise zu finanzieren? Oder wartet Dein Kunde gerade auf genau diese Arbeit von dir und du willst ihn nicht enttäuschen?

Was ist dein WARUM für die Arbeit die du heute noch erledigen musst? Sag Deinem Schweinehund Dein Warum – Du wirst erstaunt sein, wie kooperativ der Gute sein kann.

2. Schaffe Strukturen

Das Ende der Beliebigkeit: Teile Deinen Tag klar in Arbeits- und Freizeit ein und kommuniziere das mit Deinem Umfeld – und auch mit Deinem Schweinehund. Wenn klar ist, dass du ab mittags die Umgebung genießen darfst, geht die Arbeit zuvor doch wesentlich leichter von der Hand und der Schweinehund unterstützt Dich, damit er seine Auszeit bekommt.

3. Portioniere deine Arbeit

Dein Schweinehund hasst Überforderung: Bei einem großen Berg an Aufgaben schaltet es sofort auf stur. Hier kannst du ihn überlisten, indem du deine Arbeit in überschaubare Häppchen einteilst. Das musst Du aber strukturiert tun, und für diese Struktur gibt es einen genialen Trick: die Pomodoro-Methode. Probiere Sie aus, und Dein Schweinehund wird zu Deinem größten Fan:

Teile Deine Aufgabe in drei Abschnitte zu 25 Minuten

Arbeite exakt 25 Minuten ohne jede Ablenkung. Handy aus, Radio aus, Partner aus.

Dann mach jeweils fünf Minuten Pause, in denen NICHTS passiert. Kein Handy, keine Unterhaltung, nur Du und die Pause. Und der begeisterte Schweinehund.

Nach drei Durchgängen mach eine längere Pause.

Warum funktioniert das so sensationell gut?

- 25 Minuten ist ein Zeitabschnitt, in dem Du nicht müde wirst. Der Schweinehund hat kaum eine Chance, dich von der Arbeit abzuhalten.

- Dein Gehirn hat 5 Minuten Zeit, sich zu regenerieren – diese Zeit nutzt es von ganz alleine für Dich, wenn Du jede Ablenkung abschaltest.

Du hörst immer dann auf zu arbeiten, wenn Du auf dem Höhepunkt deiner Motivation bist. Zur Überraschung Deines Schweinehundes MÖCHTEST Du nach der 5-minütigen Pause gerne weitermachen und er muss Dich nicht zum Aufschieben verleiten.

4. (Online-)CoWorkings

Ein Büro hat einen Riesenvorteil gegenüber Deinem Wohnmobil: Du hast Kollegen. Die sorgen für Zusammenhalt, Austausch und manchmal auch für den notwendigen Druck und sind natürliche Gegenspieler Deines Schweinehundes.

Wie kannst Du diese Situation ins Wohnmobil holen? Denk mal über Online-CoWorking nach:

Such Dir eine Online-CoWorking-Gruppe. Wenn Du keine findest, gründe eine. Dein Schweinehund wird begeistert sein.

Im CoWorking sagen alle, was Sie in den nächsten zwei Stunden (Ideal für eine Pomodoro-Session!) erreichen wollen – das Committment sorgt auch beim Schweinehund für Beruhigung!

Alle machen sich an die Arbeit und nach zwei Stunden werden die Erfolge geteilt – Dein Schweinehund hat in der Zeit schon gekühlte Getränke vorbereitet und entlässt Dich entspannt in den restlichen Tag.

Ich wünsche Dir eine tolle, produktive und erholsame Zeit im Wohnmobil – und dass Dein Schweinehund zu einem tollen Verbündeten wird!

ÜBER DIE AUTORIN

Gabriela Saul *1961,
Autorin, Herausgeberin, Wohnmobil-Kapitänin,
Mutter eines erwachsenen Sohnes, in einer Herzens-
Beziehung!
Meine zwei Lieblings-Follower sind Paula und Lotta,
zwei Labrador-Mädels mit Charme.

Mehrere Berufe und eine Berufung. Als systemische
Beraterin, systemischer Coach und Therapeutin bin ich
meinem Herzen gefolgt und berate heute
Einzelpersonen und Paare. Es geht im Leben immer
um Entscheidungen. Auf privater oder beruflicher
Ebene. Deshalb sind Paarberatung sowie
Entscheidungs-coaching meine Spezialität.
Meine Praxis ist in Worms, mittlerweile coache und
unterstütze ich jedoch in erster Linie online, da ich viel
in Europa mit dem Wohnmobil unterwegs bin und die
Möglichkeit, online zu arbeiten, für mich und meine
Kunden nutze.

So ist zunächst mein Blog "Reisen und online arbeiten
im Wohnmobil" entstanden und jetzt dieses Buch.

Es enthält nicht nur Tipps, wie du ortsunabhängig Geld verdienen kannst. Du erhältst hier Einblick in meinen ganz persönlichen Weg und erfährst, welche Entscheidungen und Überlegungen ich treffen musste, um Freiheit zu spüren.

Ich konnte für dieses Buch Menschen gewinnen, die ebenfalls ihre persönliche Geschichte des ortsunabhängigen Arbeiten erzählen. Dieses Buch darf gerne als Ratgeber und Motivation gesehen werden, seine eigenen Träume ernst zu nehmen.

DIE CO-AUTOREN

Maren & Achim Frommeyer   mail@frommeyer.de

Mareike & Nadir   auf Instagram @flokisdiscoveris

Bettina Bornatico   www.stille-erleben-ch

Regine und Karl-Ludwig Grosch   www.ds-kosmetik-wellness.de

Sten & Mandy   www.dieweltgeniesser.de

Mathias und Nici   www.brunnendeinerseele.de

Andrea Nielbock   auf Instagram @andrea.nielbock

Marcel und Martina Schlenker   auf Instagram
                                   @schorsch_on_the_road

Iris Hoyer   https://www.iris-hoyer.de

Damaris Aulinger   https://vanwoman.de

Anja-Dorothee Schacht   www.werbeartkontor.de

Katharina Lüdemann   https://katharina-
                                   luedemann.de/unterwegs-arbeiten

DANKE, dass du dieses Buch gelesen hast. Das Buch wurde mehrmals sorgfältig gelesen. Trotzdem können sich Rechtschreib- oder Grammatikfehler einschleichen. Sollte dir in dieser Richtung etwas aufgefallen sein, bin ich für Hinweise an meine Mailadresse dankbar.

Die **Zusammenfassung** aller Empfehlungen und Tipps, die ich auf der Seite: **https://paartherapie-saul.de/allgemein/bonus-aus-meinem-buch/** aufgeführt habe, basieren auf eigenen Erfahrungen und Käufen und Anschaffungen, die ich selbst getätigt und für gut und empfehlenswert eingestuft habe. Für evtl. Folgen, die im Anschluss an das Lesen dieses Buches entstehen, übernehme ich natürlich keine Haftung, da diese durch dein eigenverantwortliches Handeln entstehen. Ich bin jedoch sicher und wünsche dir, dass es ausschließlich positive Folgen sein werden.

Die Links, die ihr in der Zusammenfassung findet, sind von 2020 und evtl. zu einem späteren Zeitpunkt nicht mehr gültig. Ich bemühe mich jedoch sehr, diese zeitnah in der Zusammenfassung sowie im eBook zu aktualisieren, sodass ihr immer auf dem neuesten Stand seid. Sollte ein Link trotz Aktualität einmal nicht funktionieren, bin ich auch hier für einen Hinweis dankbar. Inhaltlich sind selbstverständlich die Webseiten-Inhaber verantwortlich. Ich empfehle zum Teil u.a. Affiliate-Links meiner Partner, mit denen ich Werbeeinnahmen (passives Einkommen) generiere. Du hast dadurch natürlich keinen Nachteil, da sich der Kaufpreis für dich dazu nicht erhöht.

Da mein Partner und ich viel gemeinsam unterwegs sind und ich beruflich als Paartherapeutin arbeite weiß ich, dass unendlich viele Paare sich eine „Anleitung zum Glücklich sein"! wünschen - vielleicht eine Reparatur-Werkstatt für die Liebe. Oder zumindest eine Expertin, die hilft und unterstützt, wenn's knirscht in der Beziehung.

Für genau diejenigen, habe einen E-Mailkurs auf die Beine gestellt, schaue gerne vorbei:

sEXPLOSION! Endlich wieder als Paar aktiv!

WEITERE HERZENS-EMPFEHLUNGEN

<u>Nachtrag 2021:</u> Da ich während der Corona-Zeit in den diversen Lockdowns nicht mit dem Wohnmobil unterwegs war, habe ich diese Zeit im home office genutzt, um noch mehr Menschen raus aus ihren Glaubenssätzen und Tabus zu holen und hin in eine (emotionale) Freiheit zu begleiten. Aus diesem Prozess ist eine Buchreihe entstanden, die ich als Autorin und Herausgeberin initiiert habe.

Gerne empfehle ich euch deshalb diese geniale Buchreihe, in der mutige Frauen ihre sehr persönliche (Tabu)-Geschichte erzählen und anderen Menschen Mut machen, Entscheidungen FÜR das Leben zu treffen.

Die Bücher sind als eBook oder als Taschenbuch über Amazon erhältlich oder hier bestellbar : https://renidere-verlag.de/collections/ratgeber

Du möchtest auch raus aus deinem persönlichen Tabu oder einfach raus aus der gefühlten Enge? Du möchtest endlich teilhaben am Leben, endlich eine Scheibe ab vom Kuchen? Du möchtest so gerne Entscheidungen treffen, stellst dich selbst aber immer wieder hinten an? Weil du dich nicht traust, weil du dir nicht ver-traust?

Melde dich gerne auf meiner Webseite oder schau in mein Online-Angebot, bei dem du jederzeit einsteigen kannst: völlig anonym!

https://angebote.paartherapie-saul.de/online-kurs-und-mentoring-keine-macht-den-tabus/

IMPRESSUM

©Gabriela Saul – Weschnitzstr. 27 – 67550 Worms

Webseite:	https://paartherapie-saul.de
E-Mail:	kontakt@paartherapie-saul.de
Tel.:	siehe Webseite
FB-Gruppe	Reisen und online arbeiten
Instagran	@beziehungsexpertin
Verlag & Druck	tredition GmbH, Halenreie 40-44, 22359 Hamburg

Neuerscheinung 2020/2021

Umschlaggestaltung: Gabriela Saul, Lale Carstensen
Urheberrechte Einzelfotos: Gabriela Saul, Coverbild von pixabay,

Wegen des Leseflusses habe ich meist die männliche Ansprache verwendet. Alle Hinweise, Beschreibungen bzw. Aspekte des Textes beziehen sich jedoch selbstverständlich auf die weiblichen wie auch auf die männlichen Leser!

ISBN 978-3-347-32080-2 (Paperback)   978-3-347-32082-6 (e-Book)

COPYRIGHT, HAFTUNGSAUSSCHLUSS UND DATENSCHUTZ

WANN TRIFFST DU DEINE ENTSCHEIDUNG?

Wenn du mich an deiner persönlichen Entscheidung teilhaben lassen möchtest, dann freue ich mich von Herzen über deine Rückmeldung. Vielleicht war dieses Buch ja ein Anstoß für dich, über dein Leben und deine Ziele neu nachzudenken? Vielleicht hast du gelesen, was du sowieso die ganze Zeit schon gedacht und gefühlt hast und bist aber erst jetzt in die Umsetzung gegangen?

Vielleicht haben diese Erfahrungsberichte dich dazu gebracht, ins Tun zu kommen. Was immer es ist, teile es mir gerne mit!

LEBE JETZT. ES IST DEINE LEBENSZEIT!

Herzensgrüße, Gabriela Saul

Zeitfracht Medien GmbH
Ferdinand-Jühlke-Straße 7
99095 Erfurt, Deutschland
produktsicherheit@kolibri360.de